JOHANN GOTTLIEB HEINECCIUS

ÉLÉMENTS DU DROIT CIVIL ROMAIN

SELON L'ORDRE DES INSTITUTES DE JUSTINIEN

ARRANGÉS SUIVANT UNE MÉTHODE PLUS UTILE AUX ÉTUDIANTS

TOME II

Elibron Classics
www.elibron.com

Elibron Classics series.

ISBN 0-543-94130-2 (paperback)
ISBN 0-543-94129-9 (hardcover)

This Elibron Classics Replica Edition is an unabridged facsimile of the edition published in 1812 by Tardieu Denesle et Cie, Paris.

ÉLEMENTS
DU DROIT CIVIL ROMAIN,
SELON L'ORDRE DES INSTITUTES DE JUSTINIEN;

Arrangés suivant une méthode plus utile aux Étudiants,

PAR JO. GOTTL. HEINNECCIUS,

Conseiller du roi de Prusse, Professeur public de Droit et de Philosophie;

TRADUITS EN FRANÇAIS

PAR J. F. BERTHELOT,

Docteur agrégé de l'ancienne Faculté de Droit de Paris, ancien Professeur de Législation à l'Ecole centrale du Gard, Avocat à la Cour Impériale, et Professeur de Droit Romain dans la Faculté de Paris;

DÉDIÉS

A S. A. S. MGR LE DUC DE PARME,

PRINCE, ARCHICHANCELIER DE L'EMPIRE.

SECONDE ÉDITION,

REVUE ET CORRIGÉE AVEC SOIN.

TOME SECOND.

PARIS,

TARDIEU DENESLE et Cie, LIBRAIRES,

QUAI DES AUGUSTINS, N° 57.

1812.

DE L'IMPRIMERIE DE C.-F. PATRIS,
RUE DE LA COLOMBE, N° 4, DANS LA CITÉ.

ÉLÉMENTS

DU DROIT CIVIL ROMAIN,

SELON L'ORDRE DES INSTITUTES DE JUSTINIEN.

ELEMENTA JURIS,

SECUNDUM

ORDINEM INSTITUTIONUM.

LIBER SECUNDUS.

TITULUS I.

De Rerum Divisione et adquirendo earum Dominio.

§ 310. HACTENUS, de *personis*, tanquam de primo juris objecto, actum (§ 74): sequitur jam alterum, puta RES, in quarum jure explicando libri secundus et tertius cum initio quarti versantur.

De Rerum Divisione.

§ 311. QUEMADMODUM jureconsulti *hominem* et *personam* distinguere solent (§ 75): ita accurate discernunt REM et PECUNIAM, quarum illa hâc latius patet, siquidem RES

ÉLÉMENTS DE DROIT,

SELON

L'ORDRE DES INSTITUTES.

LIVRE SECOND.

TITRE I.

De la Division des Choses, et des manières d'en acquérir la propriété.

§ 310. Jusqu'ici on a traité des *personnes*, comme du premier objet du droit (§ 74); maintenant vient le second, c'est-à-dire les *choses*, à l'explication du droit desquelles sont employés le second livre, le troisième et le commencement du quatrième.

De la Division des Choses.

§ 311. De même que les jurisconsultes ont coutume de distinguer *homme* et *personne*, (§ 75); ils distinguent pareillement avec beaucoup de soin *chose* et *fortune*, expressions dont etiam ea quæ extra computationem patrimonii nostri sunt, continet; PECUNIÆ significatio ad ea, quæ in patrimonio nostro sunt, refertur (1).

(1) *L.* 5, *pr. ff. de verb. signif.* Augustin. *de doctrin. Christ. cap.* 6, *p.* 585, *tom.* 6 *oper.*

§ 312. RES ergo jureconsultis vocantur, *quæ ejus sunt naturæ, ut in bonis esse possint.* PECUNIA contra, *quidquid vere et actu est in patrimonio* (1).

(1) Huber. *Prælect. ad Inst. h. t.* § 1.

§ 313. Res, quod ad primam earum divisionem attinet, vel DIVINI, vel HUMANI JURIS esse dicuntur. Illæ denuo vel SACRÆ vel RELIGIOSÆ. SANCTÆ etiam quodammodo divini juris habentur (1) (*a*), quamvis hæ partitiones paganam superstitionem redoleant.

(1) *L.* 1, *pr. ff. h. t.*

§ 314. SACRÆ erant *publice* (*b*) *consecratæ* (Diis superis, *a pontificibus vel*

(*a*) Paullo aliter Justinianus *pr. Inst. h. t.* Res vel sunt *communes*, vel *publicæ*, vel *universitatis*, vel *nullius*, vel *singulorum*. *Res nullius*, vel *sacræ*, vel *religiosæ*, vel *sanctæ*. Sed nos Caium sequi maluimus.

(*b*) Publice fieri debebat consecratio, id est,

la première a un sens plus étendu que la seconde, puisque *chose* contient aussi ce qui n'est point susceptible d'être compté dans notre patrimoine; et que la dénomination de *fortune* se rapporte à ce qui est dans notre patrimoine (1).

§ 312. Ainsi, les jurisconsultes appellent *chose ce qui est de nature à pouvoir être dans les biens des hommes;* et *fortune*, au contraire, *tout ce qui est véritablement et actuellement dans le patrimoine* (1).

313. Les *choses*, quant à leur première division, sont du *droit divin* ou du *droit humain*. Ces dernières se divisent en *sacrées* et *religieuses* : les choses *saintes* sont aussi, en quelque sorte, du droit divin (1) (*a*). Cependant ces divisions se ressentent du paganisme.

§ 314. Les *choses sacrées* sont celles qui avaient été consacrées authentiquement (*b*) aux

---

(*a*) Justinien divise un peu autrement les choses dans le principe de ce titre aux Institutes. Les *choses* sont ou *communes* ou *publiques*, ou appartenant *à des universités*, ou n'appartenant *à personne*, ou appartenant *à des individus*. Les choses n'appartenant *à personne*, sont ou *sacrées*, ou *religieuses*, ou *saintes*. Nous avons préféré la division de Caius.

(*b*) La consécration devait se faire authentique-

principe, tanquam pontifice maximo) (1).

(1) *Inst.* § 8, *h. t. L.* 6, § 3, *L.* 9, *pr. et* § 1, 2, *ff. h. t.*

§ 315. Ex quo inferebant Romani, I. res sacras in nullius bonis esse (1); adeoque II. nec æstimationem recipere, nec obligari alienarique posse (*a*) (2); quin potius III. loca

(1) *L.* 1, *pr. L.* 6, § 2, *ff. h. t.*—(2) *L.* 9, § 5, *ff. eod.* § 8, *Inst. h. t.*

---

publicâ auctoritate, ne quid peregrinæ religionis inveheretur, a quâ maximopere abhorrebant Romani. Bynkersh. *de relig. pereg. cap.* 1 *et* 2. Hinc si quis privatim sibi sacrum constitueret, sacrum id non erat, sed profanum: *L.* 6, § 3, *ff. h. t.*, æque ac apud Athenienses, quibus nefas videbatur, *domi facere mysteria.* Cornel. Nep. *Alcib. cap.* 3. Cave tamen confundas *sacra privatim constituta et sacra privata* deorum Penatium. Hæc enim non privatim constituebantur, sed auctoritate pontificum. Unde etiam hi in confarreationibus, adrogationibus, juribus ædium, auctoritatem interponebant (§ 146 *, 179 *). Cic. *pro domo, cap.* 13, Macrob. *lib.* 1, *Saturnal. cap.* 16.

(*a*) Exceptiones quasdam addiderunt principes Christiani: veluti quod alienari possint ad redimendos captivos, § 8, *Inst. h. t. Nov.* 120, *cap.* 9;

Dieux supérieurs *par le pontife ou par le prince,* comme grand pontife (1).

§ 315. De là les Romains inféraient 1° que les *choses sacrées* n'étaient dans les biens de personne (1), et par conséquent 2° qu'elles ne pouvaient être estimées ni être engagées ou aliénées (*a*) (2) ; bien plus, 3° que le lieu de-

---

ment, c'est-à-dire par l'autorité publique, de peur que l'on n'introduisît quelque chose d'une religion étrangère ; ce que les Romains avaient surtout en horreur ; Bynk., *de relig. pereg. ch.* 1 *et* 2. Ainsi, lorsque quelqu'un, de son autorité privée, se faisait une chose sacrée, elle n'était pas sacrée, mais profane, *L.* 6, § 3, *ff. h. t.*, de même que chez les Athéniens, pour qui c'était un crime de célébrer *chez soi les mystères*, Corn. Népos, *Alcib. ch.* 3. Cependant il ne faut pas confondre les choses *sacrées établies d'autorité privée*, et les choses *sacrées privées*, relatives aux dieux Pénates. Car celles-ci n'étaient pas établies d'autorité privée, mais par l'autorité des pontifes, et c'est pour cela qu'ils interposaient leur autorité dans les confarréations, les adrogations, les droits des maisons (§ 146 *, 179 *). Cicéron, *pro domo*, *ch.* 13, Macrobe, *liv.* 1, *Satur. ch.* 16.

(*a*) Les princes chrétiens y ont apporté quelques exceptions : par exemple, les choses sacrées peuvent être aliénées pour le rachat des captifs, sacra manere etiam diruto ædificio (1), nisi vel ab hostibus capta (2), vel sacris evocatis religione liberata sint (3).

(1) *L.* 6, § 3, *ff. h. t.* Plin. *lib.* 10, *epist.* 76.—(2) *L.* 36, *ff. de religios.*—(3) *L.* 9, § 2, *ff. h. t.*

§ 316. Res religiosæ erant sepulcra, dedicata diis Manibus (1). Locum vero religiosum unusquisque faciebat, dum mortuum inferebat in locum suum (2), et purum (3).

(1) Guter. *de jur. Man. lib.* 3, *cap.* 1.—(2) *L.* 6, § 4, *ff. eod.*—(3) *L.* 2, § 4, *L.* 8, § 3, *ff. de religios.*

§ 317. Ex quibus principiis inferebant, I. cenotaphium, id est sepulcrum honorarium, non esse religiosum (1), si quidem ita contra Marciani sententiam (2), diserte rescripserunt divi fratres (3). II. Sepulcra commercio hominum eximi (*a*) (4). III. Quum in diversis locis

(1) *L.* 42, *ff. de religios.* — (2) *L.* 6, § *ult. ff. h. t.* — (3) *L.* 7, *ff. eod.* Confer Bynkers. *Observ. lib.* 1, *cap.* 5. — (4) *L.* 12, § 1, *ff. de religios. L.* 14, *Cod. de legat.*

---

alendos pauperes in fame publicâ, *L.* 21, *C. de SS. eccles.* et æs alienum ecclesiæ dissolvendum. *Nov.* 120, *cap.* 10.

(*a*) Sepulcra ipsa nec in bonis erant, nec in commercio : ast jus inferendi mortuum omnino. Hinc et legari poterat, quum monimenta legari non possent, *L.* 14, *C. de legat.* Et ita intellimeurait sacré, même après la destruction de l'édifice sacré (1), à moins qu'il ne fût pris par l'ennemi (2), ou qu'en lui ôtant ce qu'il avait de sacré, il n'eût perdu son caractère religieux (3).

§ 316. Les *choses religieuses* étaient les *sépulcres* dédiés aux dieux Mânes (1). Chacun pouvait rendre un lieu religieux, en portant un cadavre dans un lieu qui fût à lui (2) et pur (3).

§ 317. De ces principes on inférait 1° qu'un *cénotaphe*, c'est-à-dire un sépulcre d'honneur n'était pas religieux (1); c'est ainsi que, contre l'avis de Marcianus (2), l'ont expressément décidé par rescrit les frères empereurs (3); 2° que les sépultures étaient hors du commerce (*a*) (4); 3° que, quand un cadavre est enseveli dans des lieux séparés, le lieu dans lequel sont déposés les membres principaux

---

§ 8, *Inst. h. t. Nov.* 120, *ch.* 9; pour nourrir les pauvres en temps de famine, *L.* 21, *C. de SS. eccles.* et pour payer les dettes de l'église, *Nov.* 120, *ch.* 10.

(*a*) Les sépulcres eux-mêmes n'étaient ni au nombre des biens, ni dans le commerce; mais le droit de porter un mort y était pleinement : aussi ce droit pouvait être légué, tandis que le sépulcre cadaver sepultum sit, eum tantum locum, i quem membra principalia, veluti caput, illa fuerint, religione occupari (1). IV. Eum, qu in locum alienum, vel publicum mortuum ir tulerit, actione in factum pulsari posse, a tollendum cadaver, aut solvendum loci pre tium (2). V. Etiam sepulcra manere religiosa nisi reliquiæ auctoritate pontificum transferan tur (3). Quam religionem etiam Christiani hæsisse (4), merito mireris.

(1) *L.* 44, *pr. ff. de religios.* —(2) *L.* 7, *pr. L.* 8, § 2, *f de religios.* (3) *L.* 44, § 1, *ff. de religios.* Plin. *lib.* 1 *epist.* 73; Gut. *Inscript. p.* 578. —(4) *L.* 14, *Cod. de relig.*

§ 318. SANCTÆ denique RES dicebantur bifariam (*a*), vel quatenus solemni ritu Di

---

genda formula in marmoribus frequentissima: HO MONIMENTUM HEREDES SEQUITUR, *L.* 5 *et* 6, *pr. ff relig.*

(1) Unde facile patet, cur non solum muris verum etiam portis, sanctitas tribuatur, § 10 *Inst. h. t.* quum tamen portis illam diserte adima Plutarch. *Quæst. Rom. cap.* 27. Priore sensu so muri et pomœria, sancta sunt: posteriore no solum muri et pomœria, sed et portæ, vallum, muri castrorum, *L.* 5, § 17, *ff. de re milit.* portæ *d.* § 10, immo et personæ, veluti parentes et patro

tels que la tête, est seul empreint du caractère religieux (1); 4° que celui qui a porté un mort dans le lieu d'autrui, ou dans un lieu public, peut être forcé, par une action *in factum* (née du fait), à enlever le cadavre, ou à payer le prix du lieu (2); 5° que les sépulcres demeurent religieux, à moins que les restes du cadavre ne soient transférés par l'autorité des pontifes (3). Et ce qui étonnera, c'est de voir les Chrétiens conserver cette superstition (4).

§ 318. Enfin les *choses saintes* étaient ainsi appelées sous deux rapports (*a*), soit lors-

---

lui-même ne le pouvait pas, *L.* 14, *C. de legat.*; et c'est ainsi que l'on doit entendre cette formule si usitée sur le marbre des sépultures : *ce monument passe aux héritiers*, *L.* 5, *L.* 6, *pr. ff. de religios.*

(*a*) On voit par là pourquoi le caractère de choses saintes est attribué non seulement aux murs, mais aussi aux portes, § 10, *Inst. h. t.*, quoique cependant il soit formellement ôté aux portes dans Plutarque, *Quæst. Rom. ch.* 17. Dans le premier sens, étaient saints les murs et les boulevards, les portes, la palissade et les murs des camps, *L.* 5, §17, *ff. de re milit.*; les portes, *d.* § 10, et même les personnes, telles que les ascendants, les pamedioxumis vel geniis tradebantur (1), vel quatenus sanctione pœnali defenduntur, ut, qui ibi aliquid commis· nt, capite puniatur (2), cujus sanctitatis signum credebantur *sagmina*, id est, herbæ sacræ, in pomœriis frondescentes (3), quas et fæciales præferebant, ut unusquisque e· · esse sacrosanctos et inviolabiles perspicer (4).

(1) Gisb er. *Obs. lib.* 1, *cap.* 16. — (2) *L.* 8, *pr. ff. h. t.*—(3) *L.* . ' 1, *ff.* *od.*—(4) Liv. *lib.* 30, *cap.* 3.

§ 319. Ur· expediti juris videbatur, I. nihil immitti posse in muris et portis (1). II. Neque reficere eas cu· iam licere sine principis vel præsidis conse su, nec aliquid eis conjungere, vel superponere (2). III. C· pite esse plectendos, qui muros transcenderint, vel violârint (3). Quale exemplum factum in Remo veteres referunt (4).

(1) *L.* 8, § 2, *ff. h. t.*—(2) *L.* 9, § 4, *ff. eod.*—(3) *L. ult. ff.* et § 10, *Inst. h. t.* — (4) *D. L. ult. ff. eod.* Liv. *lib.* 1, *cap.* 7.

§ 320. Quamvis vero hæc omn· · paganam superstitionem redoleant (§ 313) : a Constantini tamen temporibus etiam inter Christianos

---

ni, *L.* 9, *ff. de obseq. par. et patr. præst.* tribuni plebis. Liv. *lib.* 2, *cap.* 32. Dion. Halic. *lib.* 6, *p.* 410, legati. *L. ult. ff. de legation.*

que par des rits solennels elles étaient livrées aux dieux moyens, ou *Génies* (1), soit lorsqu'elles étaient protégées par une sanction pénale, en sorte que celui qui les aurait violées eût été puni de mort (2). Le signe de cette sanction était, à ce qu'on croit, la vervenne (*sagmen*), herbe sacrée, qui fleurissait sur les murs des villes (3), et que les féciaux portaient devant eux, afin que chacun pût les reconnaître pour sacrés et inviolables (4).

§ 319. D'après cela, on regardait comme certain en droit 1° que l'on ne pouvait rien appliquer contre les murs ni les portes des villes (1); 2° que personne ne pouvait les réparer sans le consentement du prince ou du commandant, ni rien mettre à côté ou par-dessus (2); 3° qu'il fallait punir de mort celui qui aurait escaladé ou violé les murs (3), comme on en donna l'exemple sur Rémus, selon ce que rapportent les anciens (4).

§ 320. Quoique tout cela sente la superstition des païens (§ 313), cependant, au temps de Constantin, on croyait, même parmi les chré-

---

trons, *L.* 9, *ff. de obseq. par. et patr. præst.*; les tribuns du peuple, Tite-Live, *liv.* 2, *ch.* 32; Denys d'Hal., *liv.* 6, *pag.* 410; les ambassadeurs, *L. dern. ff. de legation.*

creditum, res ita sacras fieri per consecrationem, ut dominium earum Deo offeratur, et religio quædam res illas videatur occupare. Quare principium hoc cum conclusionibus § 315 explicatis in titulo C. *de SS. ecclesiis*, necnon in universo jure Canonico regnant (1).

(1) Blondell. *Apolog. de Episc. et presb. sect.* 3, *p.* 265, *seq.* Ziegler. *de Episc. lib.* 3, *cap.* 7. Pictet. in libello gallice scripto *de templis*.

§ 321. Distinguendæ tamen a rebus *sacris* ECCLESIASTICÆ, *quæ non quidem* ἀμέσως *sed mediate, cultui divino sine consecratione inserviunt.* Unde et facilius vel ad tempus, vel in perpetuum alienantur, quando id expedit ecclesiæ (1), accedente tamen, uti in alienatione rerum minoris, caussæ cognitione et decreto (2).

(1) *L.* 14, § 5. *L.* 17, § 1, *Cod. de SS. Eccles. Nov.* 120, *cap.* 7.—(2) Stryk. *Cautel. contr. sect.* 1, *cap.* 3, § 7.

§ 322. Canonistæ rebus *religiosis* accensent non solum sepulchra et cœmeteria, verum etiam xenodochia, orphanotrophea, ptochotrophea (1). Hinc et cœmeteriis aquâ benedicunt, et benedicta subjiciunt jurisdictioni ecclesiasticæ; quin eorum communione privant hæreticos, paganos, excommunicatos.

(1) Lancelot, *Inst. jur. canon. lib.* 2, *tit.* 17.

§ 323. Nobis templa et cœmeteria vere

tiens, que, par la consécration, les choses deviennent tellement sacrées, que la propriété en est offerte à Dieu, et qu'elles prennent en quelque sorte un caractère religieux. Aussi ce principe, avec les conséquences expliquées au § 315, règne-t-il dans le titre du Code *de SS. Eccles.*, et dans tout le Droit canonique (1).

§ 321. Il faut cependant distinguer des choses sacrées, les choses *ecclésiastiques qui servent non pas immédiatement, mais indirectement au culte divin, et ne sont pas consacrées.* Aussi est-il facile de les aliéner soit pour un temps, soit pour toujours, quand cela est utile à l'église (1), en faisant cependant, comme pour les mineurs, une enquête, et en obtenant un jugement (2).

§ 322. Les Canonistes comprennent dans les choses sacrées, non-seulement les tombeaux et les cimetières, mais aussi les hospices pour les étrangers, pour les orphelins et pour les pauvres (1); et c'est pour cela qu'ils bénissent les cimetières, et qu'après les avoir bénits ils les soumettent à la juridiction ecclésiastique; bien plus, ils privent du droit d'y être admis les hérétiques, les païens et les excommuniés.

§ 323. Pour nous les temples, les cimetières

sunt res universitatis, simul tamen sanctæ, quia inviolabiles : muri et portæ, ob jus præsidii principi vel reipublicæ competens, res publicæ (1). Nullæ ergo nobis res *sacræ,* præter verbum et sacramenta, dum ea dispensantur. Nullæ sepulturæ *religiosæ*, nullæ res *sanctæ,* nisi quatenus sanctione adversus hominum injurias munitæ sunt (§ 318). Res tamen sacro cultui destinatas, et ecclesiasticas, non temere aliis adplicamus usibus, neque eas facile alienamus, nisi urgente necessitate, et suadente utilitate ecclesiæ. Sepulcra sunt in commercio vel universitatis, vel ecclesiæ, vel singulorum. Qui muros, vel portas, vel palatia principum violant, iis pœna pro modo delicti statuitur arbitraria.

(1) 4 *Feud.* 56.

§ 324. Hactenus de rebus *divini juris :* sequuntur, quæ HUMANI JURIS habentur (§ 313), quæque vel COMMUNES sunt, vel PUBLICÆ, vel UNIVERSITATIS, vel SINGULORUM (1).

(1) *Pr. Inst. L.* 2, *pr. ff. h. t.*

§ 325. COMMUNES sunt *quæ, quod ad pro-*

sont véritablement des choses d'université, et en même temps des choses saintes, parcequ'elles sont inviolables. Les murs, les portes, à cause du droit que les princes ou la république ont de veiller à la défense de la cité, sont choses publiques (1). Il n'y a donc point chez nous de choses *sacrées*, excepté le verbe et les sacrements quand on les administre; point de sépultures *religieuses*, point de choses *saintes*, à moins qu'on n'entende par là celles qui, par une sanction, sont prémunies contre les injures des hommes (§ 318). Cependant nous n'appliquons pas facilement à d'autres usages les choses destinées au culte sacré, ou les choses ecclésiastiques; nous ne les aliénons pas à moins d'une grande nécessité, et pour l'utilité de l'église. Les sépultures sont dans le commerce des universités, de l'église ou des particuliers. Ceux qui ont commis des violations à l'égard des murs, des portes, des palais des princes, sont punis arbitrairement, selon la gravité du délit.

§ 324. Jusqu'ici l'on a parlé des choses du *Droit divin*. Viennent ensuite celles que l'on regarde comme du *Droit humain* (§ 313) : elles sont ou *communes*, ou *publiques*, ou appartenant à des *universités*, ou à des *particuliers* (1).

§ 325. Les choses *communes* sont *celles qui*,

prietatem, nullius; quod ad usum, omnium hominum sunt (1). PUBLICÆ, *quæ ratione proprietatis populi sunt; quod ad usum, singulorum ex populo.* RES UNIVERSITATIS, *quæ, quod ad proprietatem, sunt universitatis; quod ad usum, singulorum ex eâ universitate* (a) (2).

(1) § 1, *Inst. L.* 2, § 1, *ff. h. t.* — (2) *L.* 6, § 1, *ff. h. t.* *L.* 14, *ff. de acquir. rer. domin.*

§ 326. *Communes* ergo ex his principiis sunt aer, aqua profluens, mare, et per hoc

---

(a) Etiam hæc Stoam redolent (§ 18). Hæc duplicem statuebat rempublicam, *maximam* alteram, quâ dii et homines continerentur; alteram *minorem*, cui quemque adscripserit conditio nascendi, Sen. *de otio sap. cap.* 31. In minoribus illis, in quas populus quisque coaluit, denuo veluti *minimas* respublicas, quas universitates vocamus, reperiri, res ipsa docet. Quum ergo singulis rebuspublicis sint sua patrimonia: hinc quæ in *maximæ* reipublicæ patrimonio erant RES COMMUNES; quæ in *minoris*, PUBLICÆ; quæ in *minimæ*, UNIVERSATIS dicebantur. Conf. Ger. Noodt. *Probabil. lib.* 1, *cap.* 8; qui tamen, veteres aliquando res communes et publicas pro iisdem accepisse docet.

relativement à la propriété, n'appartiennent à personne, et quant à l'usage, appartiennent à tous les hommes (1). Les choses *publiques* sont *celles qui, à raison de la propriété, appartiennent à un peuple; et quant à l'usage, à chacun de ceux qui le composent.* Les choses *d'université sont celles qui, quant à la propriété, appartiennent à une corporation, et, quant à l'usage, à chacun de ceux qui la composent* (a) (2).

§ 326. Ainsi, d'après ces principes, les choses *communes* sont l'air, l'eau courante, la mer,

---

(a) Cette division tient de la doctrine des stoïciens (§ 18). Elle établissait deux républiques : l'une grande, dans laquelle étaient contenus les dieux et les hommes; l'autre, plus petite, à laquelle chacun était attaché par la condition de sa naissance. Sénèque, *de otio sap. ch.* 31. Dans ces petites républiques, formées par des peuples différents, on en trouve de très-petites, que nous nommons universités. Et comme chaque république a son patrimoine, les choses qui appartiennent à la *grande* république sont appelées *communes;* celles qui sont à la *moyenne*, sont dites *publiques*, et celles de la plus petite s'appellent *choses d'université*. Voyez Gérard Noodt, *Probabil., liv.* 1, *ch.* 8; lequel cependant fait voir que les anciens ont souvent confondu les choses communes et publiques.

littora maris (1). *Publicæ*, flumina, portus, ripæ, adeoque cuique permissa piscatio in flumine, navis ad ripam adpulsus, exsiccatio retium, oneris in ripâ expositio (2). Nisi quis jus piscandi in fluminis diverticulo non interrupto, longi temporis exercitio præscripserit (3). Res *universitatis*, sunt theatra, stadia, curiæ, cœnacula (4).

(1) *L.* 2, § 1, *ff. h. t.* § 1, *Inst. h. t.* — (2) *L.* 5, *pr. ff. h. t.* — (3) *L.* 7. *ff. de divers. et tempor. presc.* — (4) *L.* 6, § 1, *ff. eod.*

§ 327. Bona, quæ universitas ita adquirit, ut usus non pateat singulis ex istâ universitate, non *res universitatis*, sed PATRIMONIUM UNIVERSITATIS vocantur, propter definitionem rerum universitatis, supra datam (§ 325). Unde et servus publicus non erat res universitatis, sed in ejus patrimonio (1).

(1) *L.* 6, § 1, *ff. h. t.*

§ 328. Sed hæc principia hodie tantum non ubique deserunt, quum pleraque, quæ publica dicuntur Jure Romano, imperantes sibi vindicent, iique earum rerum usui modum præscribere soleant. Quæ de rebus communibus disputantur, commodius reservabimus pandectis.

§ 329. RES PRIVATÆ vel SINGULORUM diet par suite ses rivages (1). Les choses *publiques* sont les fleuves, les ports, les rives. Ainsi on permet à chacun de pêcher dans les rivières; de faire aborder un vaisseau sur la rive; d'y sécher ses filets, décharger un fardeau (2), à moins que quelqu'un n'ait prescrit le droit de pêcher dans un bras du *fleuve*, par un exercice non interrompu, pendant un long espace de temps (3). Les choses *d'université* sont les théâtres, les stades, les salles d'assemblée, les réfectoires publics (4).

§ 327. Les biens que l'université acquiert de manière à ce que l'usage n'en soit pas laissé à tous ceux qui composent l'université, s'appellent, non pas *choses d'université*, mais *patrimoine d'université*, à cause de la définition des choses d'université donnée ci-dessus (§ 325). D'où il suit qu'un esclave public n'était pas chose d'université, mais était dans le patrimoine de l'université (1).

§ 328. Aujourd'hui ces principes sont à peine conservés en quelque lieu; car la plupart des choses qu'en droit romain l'on appelle publiques, sont revendiquées par les princes qui ont coutume d'en régler l'usage. Ce qui a rapport aux choses communes, sera mieux placé dans le Digeste.

§ 329. On appelle choses *privées* ou appartecuntur, *quæ sunt in singulorum patrimonio, sive vere, sive per fictionem.* Quamvis enim, verbi grat., res hereditariæ, ante aditionem hereditatis, nullius in bonis sint (1), in plerisque tamen hereditas jacens sustinet personam defuncti (2).

(1) *L.* 1, *pr. ff. h. t.*—(2) *Pr. Inst. de stipul. serv. L.* 61, *ff. de acquir. rer. domin.*

§ 330. Altera rerum divisio in RES MANCIPI et NEC MANCIPI (*a*) sublata est a Justiniano (1). Tertia in CORPORALES et INCOPORALES sequente titulo explicatur. Hinc alterâ tituli parte potius *de acquirendo rerum dominio*, exemplo *Justiniani* nostri erit agendum.

(1) *L. unic. C. de nud. Quirit. jur. toll.*

De adquirendo rerum Dominio.

§ 331. Quod circa res versatur, *jus* aut IN RE aut AD REM esse dicitur. Vocabula jus ca-

---

(*a*) Res mancipî erant, quæ veteribus pretiosissimæ : Bynkersh. *de reb. mancipî et nec mancipî*, *pag.* 109, ut prædia italica, jura prædiorum rusticorum, servi, quadrupedes, quæ dorso et collo domantur, hereditas, filii familias (§ 136), margaritæ, Plin. *Hist. Nat. lib.* 9, *cap.* 55; Ulpian. *Fragm. tit.* 19, § 1. Ceteræ nec mancipî.

nant à *des particuliers, celles qui sont dans le patrimoine des particuliers, soit réellement, soit par fiction*. Car, par exemple, quoique les choses héréditaires, avant l'adition d'hérédité, ne soient dans les biens de personne (1), cependant, dans presque tous les cas, l'hérédité vacante, perpétue la personne du défunt (2).

§ 330. Une autre division des choses en choses de *mancipation* et de *non mancipation* (*a*), a été abrogée par Justinien (1). La troisième division en choses *corporelles et incorporelles*, est expliquée dans le titre suivant. A l'exemple de Justinien, nous traiterons donc dans la deuxième partie de ce titre, *des manières d'acquérir le domaine des choses*.

Des manières d'acquérir le Domaine des Choses.

§ 331. Le *droit* que l'on peut avoir sur les choses, s'appelle droit *en la chose* ou *droit à*

(*a*) Les choses de mancipation étaient celles que les anciens regardaient comme les plus précieuses : Bynkershoek, *de rebus mancipî et nec mancipî*, *pag.* 109. Tels étaient les fonds de terre en Italie, les droits des héritages ruraux, les esclaves, les bêtes de somme et de trait, une hérédité, les fils de famille (§ 136), les perles, Pline, *Hist. Nat.*, *liv.* 9, *ch.* 35; Ulpien, *Fragm. tit.* 19, § 1; les autres choses sont de non-mancipation.

nonicum suppeditat (1). Distinctionem ipsam jus civile non ignorat (2).

(1) *Cap.* 8 *de concess. præb. in* 6, *et cap.* 40 *de præbend. et dign. in* 6. —(2) *L.* 19, *pr. et L.* 13, § 1, *ff. de damno inf. L.* 3, *pr. et L.* 25, *ff. de oblig. et act.*

§ 332. Jus in re, recte cum Grotio, definiente Hubero, est *facultas homini in rem competens, sine respectu ad certam personam.* Jus ad rem, *facultas competens personæ in personam, ut hæc aliquid dare vel facere teneatur.* Quo pertinent obligationes, quæ proinde personam non egrediuntur (1). De illo sequentibus titulis: de hoc libri tertii titulis postremis et libri quarti prioribus erit agendum.

(1) Huber. *Prælect. ad Inst. h. t.* § 12.

§ 333. Ex priore definitione fluit, I. jus in re non esse momentaneum, nec, re licet surreptâ vel deperditâ, expirare. Unde regula: *Quod meum est, amplius meum fieri nequit* (1). II. Idem jus producere actiones in rem adversus quemcunque possidentem (2).

(1) § 10, *Inst. de legat.* § 24, *Inst. de act.* — (2) *L.* 25, *ff. de obl. et act.* § 1, *Inst. de act.*

§ 334. Ex quo porro sequitur, III. ut spe-

la chose. Ces dénominations viennent du Droit canonique (1), mais la distinction même n'est pas inconnue du droit civil (2).

§ 332. Le *droit en la chose*, comme l'a fort bien défini Huber avec Grotius, *est une faculté appartenant à un homme sur une chose, sans rapport à telle ou telle personne*. Le *droit à la chose est un droit appartenant à une personne contre une personne, pour que celle-ci soit tenue de donner ou de faire quelque chose*. C'est dans cette espèce de droit que rentrent les obligations, lesquelles par conséquent ne passent point la personne. Nous parlerons du *droit en la chose* dans les titres suivants; et l'autre sera traité dans les derniers titres du troisième livre et les premiers du quatrième.

§ 333. De la première définition, il suit 1° que le droit *en la chose* (ou *réel*) n'est pas momentané, et qu'il ne s'éteint pas par le vol ou la perte de la chose. De là cette règle : *Ce qui est mien ne peut pas le devenir une seconde fois* (1). 2° Que le même droit produit une action réelle contre un possesseur quelconque (2).

§ 334. De là il suit, 3° que les espèces de

cies juris in re sint quatuor, I. DOMINIUM, II. HEREDITAS, III. SERVITUS, et IV. PIGNUS. IV. Ut *possessio*, quia et jus duntaxat producit momentaneum (1), nec amissa actione in rem recuperatur (2), speciebus juris in re accenseri nequeat (*a*) (3). Jure canonico tamen

(1) *L.* 15, *ff. de acquir. possess.* Junctâ, *L.* 5, *ff. de usurp. L. ult. C. qui legit. pers. stand. in jud.* - (2) *L.* 7, *ff. de vi et vi arm.* - (3) Huber. *Prælect. ad Inst. lib.* 4, *tit.* 15, § 2. Zach. Huber. *lib.* 3, *Dissert.* 5, *cap.* 2, § 17, *seq.*

(*a*) Gaudet quidem possessor jure rem retinendi; ast ex ipsâ re ipsi non est jus possessionis, sed ex titulo, quo possidet, veluti pro suo, pro soluto, pro emptore, pro herede, pro donato, pro derelicto, pro legato, pro dote. Potest agere ad recuperandam possessionem amissam, verum non actione in rem, sed personali, interdicto *unde vi*, *d. L.* 7, *ff. de vi.* Nec interdicta retinendæ possessionis sunt actiones in rem, quia qui possidet, in rem agere nequit, nisi unico et ab hoc diverso casu, § 2, *Inst. de act.* Habet quidem et possessor, amissâ possessione, actionem ad exhibendum, *L.* 3, § 12, *ff. ad exhib.*; sed ea non est actio in rem, verum personalis quamvis in rem scripta, et competit non solum iis qui ex jure in re experiri decreverunt, verum etiam commodatariis, depositariis, conductoribus, *L.* 4, *ff. eod.* Conf. laudatus Zach. Huber. *l. c.*

droit en la chose, sont au nombre de quatre, 1° le *domaine* (ou propriété), 2° l'*hérédité*, 3° la *servitude*, 4° l'*hypothèque*. 4° Que la possession, parce qu'elle ne produit qu'un droit momentané (1), et qu'on ne peut pas, quand on l'a perdue, la recouvrer par l'action réelle (2), ne peut être mise au nombre des droits en la chose (*a*) (3). Cependant, dans le

(*a*) A la vérité le *possesseur* jouit du droit de retenir la chose; mais son droit de possession, il ne le tire pas de la chose même, mais du titre en vertu duquel il possède, par exemple, à titre de *propre*, de *paiement*, d'*achat*, d'*hérédité*, de *donation*, d'*abandon*, de *legs*, de *dot*. Pour recouvrer la possession perdue, il peut agir, non par action réelle, mais par une action personnelle, qui est l'interdit *unde vi*, *d. L.* 7, *ff. de vi*. Et même les interdits (ou actions possessoires) donnés pour conserver la possession, ne sont pas des actions réelles, parce que celui qui possède ne peut agir par action réelle, si ce n'est dans un cas unique et très différent de celui-ci, § 2, *Inst. de act.* Il est vrai que le possesseur, s'il a perdu la possession, a une action pour se faire montrer la chose, *L.* 3, § 12, *ff. ad exhib.*; cependant cette action n'est pas réelle mais personnelle, quoique désignant une chose; et elle appartient non-seulement à ceux qui ont intention d'agir en vertu d'un droit réel, mais aussi aux commodataires, aux dépositaires, aux locataires, *L.* 4, *ff. eod.* Voyez Zach. Huber, que nous avons déjà cité l. c.

possessio quodammodo naturam juris in re induit.

§ 335. Dominium, de quo hîc agendum, *est jus in re corporali, ex quo facultas de ea disponendi, eamque vindicandi nascitur, nisi vel lex, vel conventio, vel testatoris voluntas obsistat.* Ita fere Mynsingerus (1), immo et leges nostræ (2).

(1) Ad *pr. Inst. h. t.* — (2) *L. 21, Cod. mand. L. ult. Cod. de reb. alien. non alienand.*

§ 336. *Dominium* hoc olim, vel QUIRITARIUM erat, vel BONITARIUM, quorum illud *a solis romanis civibus adquirebatur modis civilibus,* ut hereditate, mancipatione, in jure cessione, usucapione, sub coronâ emtione, auctione, adjudicatione et lege (1). Hoc autem, nempe bonitarium, *et ab aliis modis quibuscumque naturalibus, adquiri poterat.* Unde et illud ἔννομον LEGITIMUM; hoc φυσικὸν seu NATURALE (*a*) adpellatur Theophilo (2). Sed hanc distinctionem Justinianus sustulit (3).

(1) Varr. *de re rust. lib.* 2, *cap.* 10; Ulp. *Fragm. tit.* 19, § 2; Confer *Antiquit. nostr. roman. h. t.* § 19 *et seq.* — (2) § *ult. Inst. de libert.* — (3) *L. unic. Cod. de nud. jur. Quirit. toll. L. unic. C. de usucap. transf.*

(*a*) Alio sensu hodie doctores dominium dividunt in CIVILE et NATURALE, et illud tribuunt, *marito* in rebus dotalibus, hoc *uxori*. Quamvis enim ille sit dominus, *L. 23, C. de jur. dot.*, et vi istius droit canonique, la possession prend en quelque sorte le caractère du droit en la chose.

§ 335. Le *domaine*, dont on va parler ici, *est un droit sur une chose corporelle, d'où naît la faculté de disposer de cette chose et de la revendiquer, à moins que la loi, ou la convention, ou la volonté du testateur ne s'y oppose*. C'est ainsi à peu près que le définissent Mynsingerus (1), et même nos lois (2).

§ 336. Ce *domaine* était autrefois *quiritaire* ou *bonitaire*. Le premier *était acquis par les seuls citoyens romains, suivant les moyens du droit civil*, comme l'hérédité, la mancipation, la cession en droit, la vente à l'encan, l'adjudication et la loi (1). Le second ou *domaine bonitaire*, pouvait aussi être acquis par tous les autres moyens du droit naturel : c'est pour cela que l'un est nommé *ennomon* ou *légitime*; l'autre, *phusikon* ou *naturel* (*a*), par Théophile (2); mais Justinien a supprimé cette distinction (3).

(*a*) Dans un autre sens, les docteurs divisent aujourd'hui le domaine en *civil* et *naturel*; et attribuent le premier au *mari* sur la dot, et le second à la *femme*. Car, quoique le mari soit propriétaire,

§ 337. Hodie doctores dominium in PLENUM et MINUS PLENUM partiuntur. In illo facultas de re disponendi, utilitatemque omnem percipiendi, et facultas eamdem amissam vindicandi conjunctæ; in hoc eædem quodammodo divisæ sunt inter *dominum*, penes quem aliquid ex disponendi facultate remansit, et quem DIRECTUM vocant, *et eum*, cui jus vindicandi et utilitatem omnem capiendi est, quem UTILEM DOMINUM adpellitant. Hujus dominii minus pleni species feruntur FEUDUM, EMPHYTEUSIS, JUS SUPERFICIEI, in quibus dominium *directum* penes *dominum feudi, dominum emphyteuseos, et dominum superficiei;* Dominium *utile* penes *vassallum, emphyteutam, et superficiarium* esse dicitur. Res non absurda, quamvis vocabula jus nostrum ignoret.

---

dominii rem vindicet, *L.* 9, *C. de rei vind.;* non potest tamen alienare fundum dotalem (§ 465), et uxoris dominium, constante matrimonio veluti quiescens, soluto illo reviviscit. Sed quum hæc divisio non ad dominium generatim acceptum, sed ad dominium dotis pertineat, ei non immoramur.

§ 337. Aujourd'hui les jurisconsultes divisent le domaine en *plein* et *moins plein* (ou utile). Le premier donne à la fois la faculté de disposer de la chose, d'en percevoir toute l'utilité, et la faculté de la revendiquer quand elle est perdue; le second partage les mêmes droits entre le *maître* (ou seigneur), auquel il reste quelque chose de la faculté de disposer, et que l'on nomme *seigneur direct*, et celui à qui appartient le droit de revendiquer et de tirer presque toute l'utilité de la chose, et que l'on nomme *propriétaire utile*. Ce domaine *moins plein*, ou *utile*, se divise en plusieurs espèces, le *fief*, l'*emphytéose*, le *droit de superficie* dans lesquels le domaine direct appartient au *seigneur du fief*, au *maître de l'emphytéose* et au *maître de la superficie*; et le domaine utile appartient *au vassal*, à *l'emphytéote* et au *propriétaire de la superficie*. La chose n'est pas sans réalité, quoique le Droit romain n'en connaisse point les dénominations.

L. 23, *C. de jur. dot.*, et qu'en vertu de ce droit de propriété, il puisse revendiquer la chose, *L.* 9, *C. de rei vind.* cependant il ne peut aliéner le fonds dotal (§ 465); et le domaine de la femme, comme assoupi pendant le mariage, se réveille quand celui-ci est dissous. Mais comme cette division appartient non au domaine en général, mais au domaine de la dot, nous ne nous y arrêterons pas.

§ 338. Sed *feuda* jure romano ignota. De *emphyteusi et superficie* alibi erit dicendi locus. Ipsa vocabula, semel in artem recepta, nec in libris nostris occurrunt, nec admodum concinna videntur. Quum res ipsa tamen fundamento non destituatur (§ 337): licebit per nos elegantiæ studiosioribus dominium utile *jus dominio proximum*, vel *quasi-dominium* adpellare.

§ 339. Potius ad caussam dominii progredimur, quæ vel *remotior*, vel *proxima* est. Illa TITULUS dicitur *ad transferendum dominium habilis*, veluti pro empto, pro legato, pro donato, pro soluto, pro dote, pro suo, pro derelicto, pro permutato, pro transacto, pro adjudicato (*a*), qui omnes ἀμέσως jus ad rem

---

(*a*) Habentur hi *tituli* plerique in *ff. lib.* 41, *tit.* 4 *et seq.*, nec non in *L.* 17, *ff. de usurp. et usucap.*, ubi titulus *pro adjudicato* occurrit, qui tamen simul est modus adquirendi, uti scholio sequente, *n.* 5, ostendemus. Titulos *pro permutato et pro transacto* doctores adjiciunt. Omisimus vero nos titulum *pro herede*, vel *pro possessore*, qui *lib.* 41, *ff. tit.* 6, describitur: quia heres transit in jus defuncti, adeoque rem hereditariam

§ 338. Mais les fiefs étaient inconnus au Droit romain; quant à l'*emphytéose* et la *superficie*, il en sera parlé ailleurs. Ces expressions reçues comme termes de l'art, ne se trouvent point dans nos livres et ne paraissent pas non plus très-justes; cependant comme la chose même n'est pas destituée de fondement (§ 337), nous permettrons à ceux qui préfèrent des expressions plus exactes d'appeller le domaine utile *un droit voïsin du domaine*, ou un *quasi-domaine*.

§ 339. Passons plutôt à la cause du domaine: elle est ou *éloignée* ou *prochaine*. La première s'appelle *titre propre à transférer le domaine*, comme l'achat, le legs, la donation, le paiement, la dot, l'opinion qu'une chose nous est propre, l'abandon, l'échange, la transaction, l'adjudication (*a*), qui tous ne donnent immé-

---

(*a*) La plupart de ces titres se trouvent dans le *ff. liv.* 41, *tit.* 4 *et suiv.*, et aussi dans la *L.* 17, *ff. de usurp. et usucap.*, où se trouve le titre *adjudication*, qui cependant est une manière immédiate d'acquérir la propriété, comme nous le montrerons dans la note suivante, *n.* 5. Les jurisconsultes ajoutent les titres d'*échange* et de *transaction*. Nous avons laissé de côté les titres d'*héritier* et de *possesseur*, qui se trouvent au *ff. liv.* 41, *tit.* 6, parce que l'héritier passe aux droits du défunt; et qu'ainsi il commence à posséder la chose, tantum, non dominium operantur (1) (*a*); hæc vocatur MODUS ADQUIRENDI, et ἀμέσως aliquem constituit dominum.

(1) *L.* 20, *Cod. de pact.*

§ 340. MODI ADQUIRENDI duorum generum sunt. Quarumdam enim rerum dominium JURE NATURALI vel GENTIUM; quarumdam vero JURE CIVILI nanciscimur (§ 336) (1).

(1) § 11, *Inst. h. t.* Confer *Elem. Jur. germ. lib.* 2, *tit.* 3, § 49.

---

non novo hereditatis titulo possidere incipit, sed eodem, quo possederat defunctus, *L.* 11, *ff. de divers. temp. præscr. L. ult. C. pro her. L.* 4; *C. de præsc. longi temp.* Quo sensu autem possit pro titulo haberi, ad pandectas dicemus.

(*a*) Nec ullum aliud jus in re solus titulus dat, quippe quod a traditione demum vel quasi traditione incipit. Excipiuntur tamen, I. JUS HYPOTHECÆ, quod solo pacto constituitur, *L.* 1, *pr. ff. de pign. act.* II. SERVITUTES NEGATIVÆ, quæ nec quasi traditionem admittunt. III. RES JUDICIO DUPLICI, *communi dividundo*, *fam. erciscundæ* vel *finium regundorum* ADJUDICATÆ, § *fin. Inst. de offic. jud.* Ulpian. *tit.* 19, § 16. IV. ADQUISITA PER ULTIMAM VOLUNTATEM, quæ statim pleno jure adquiruntur, et nondum factâ traditione vindicantur. *L. ult. ff. de serv. leg. L.* 19, § 1, *quemadm. serv. amitt.*

diatement qu'un droit à la chose seulement, et non le domaine (1) (*a*). La cause prochaine du domaine se nomme *manière d'acquérir*, et rend immédiatement propriétaire.

§ 340. Les *manières d'acquérir* sont de deux espèces; en effet, le domaine ou la propriété des choses nous est acquise, tantôt par le *droit naturel* ou *des gens*, tantôt par le *droit civil* (§335) (1).

---

non pas à un nouveau titre comme héritier, mais au même titre qu'avait possédé le défunt, *L.* 11, *ff. de divers. temp. præscr. L. ult. C. pro her. L.* 4, *C. de præscr. longi temp.* Dans quel sens alors la qualité d'héritier peut-elle être prise pour un titre? c'est ce que nous expliquerons au Digeste.

(*a*) Le titre seul ne donne pas du reste le droit réel, puisqu'on ne l'obtïent que par tradition. On excepte cependant 1° *le droit d'hypothèque*, qui s'établit par le seul pacte, *L.* 1, *pr. ff. de pign. act.*; 2° *les servitudes négatives*, qui n'admettent pas même de quasi-tradition; 3° *les choses adjugées par suite de l'action réciproque en partage de communauté, en partage d'hérédité, et en bornage*, § *fin. Inst. de offic. jud.* Ulpien, *tit.* 19, § 16; 4° les *choses acquises par dernière volonté*, qui sont acquises aussitôt de plein droit, et qu'on peut revendiquer, avant que la tradition ait été faite, *L. ult. ff. de serv. leg. L.* 19, § 1, *quemad. serv. amitt.*

§ 341. Modi adquirendi JURIS NATURALIS recte a Grotio (1), dividuntur, *in originarios et derivativos*. ORIGINARIIS ab initio proprietas in rem nullius introducitur : DERIVATIVIS dominium jam constitutum ab uno in alium transit, Illos Pufendorffius (2), denuo, vel SIMPLICITER TALES esse ait, quibus ipsum corpus adquirimus; vel SECUNDUM QUID, quibus incrementum aliquod ad rem nostram adjungitur. *Simpliciter originarius* modus est OCCUPATIO : *secundum quid talis* ACCESSIO : derivativus TRADITIO (3).

(1) *Lib.* 2, *cap.* 3, § 1.—(2) *Lib.* 4, *cap.* 6, § 1.—(3) Conf. *Elem. Jur. nat. et gent. lib.* 1, § 239.

§ 342. OCCUPATIO est *adprehensio rerum corporalium nullius, cum animo sibi habendi.* NULLIUS vero hic esse censentur, *quæ vel naturâ non sunt in dominio, vel pro derelictis habita, in dominio esse desierunt,* id est, *eo animo abjecta a domino, ut ea in numero rerum suarum amplius esse nolit* (1).

(1) § 46, *Inst. h. t. L.* 2, § 1, *L.* 5, § 1, *ff. pro derel.* Conf. *Elem. Jur. nat. et gent. l. c.* § 241.

§ 343. Ex quo sequitur, ut I. ea, quæ nullius sunt, cedant occupanti (1). II. Ut occupa-

(1) *L.* 3, *pr. ff. de acquir. rer. domin.*

§ 341. Les manières d'acquérir par le droit naturel sont, avec raison, divisées par Grotius (1), en *originaires* et *dérivées*. Les manières *originaires* donnent primitivement la propriété sur une chose qui n'appartient à personne; les manères *dérivées* font passer d'une personne à l'autre une propriété déjà établie; Puffendorf (2), appelle *purement originaires* les manières par lesquelles nous acquérons le corps lui-même; et *relatives*, celles par lesquelles quelque chose est ajouté à ce qui nous appartient. La *manière purement originaire* est l'*occupation*; la manière *relative*, l'*accession*; la manière *dérivée*, la *tradition* (3).

§ 342. L'OCCUPATION est *l'appréhension d'une chose corporelle qui n'appartient à personne, avec intention de l'avoir à soi*. Les choses que l'on regarde ici comme n'étant à *personne* sont *celles ou qui, par leur nature, ne sont dans le domaine de personne, ou qui, ont cessé d'appartenir à quelqu'un, parce qu'elles ont été abandonnées, c'est-à-dire, rejetées par le maître qui ne veut plus les avoir au nombre de ses biens* (1).

§ 343. D'où il suit, 1° que les choses qui n'appartiennent à personne, sont acquises à l'occupant (1); 2° que l'occupation exige à la fois tio fiat animo et actu corporali simul (1). III. Ut quæ custodiâ coerceri nequeunt, nec occupari possint (2).

(1) *L.* 3, § 1, *ff. de acquir. vel amitt. possess.*—(2) § 12, *Inst. h. t. L.* 3, § 2, *ff. de acq. rer. dom.*

§ 344. Species occupationis feruntur VENATIO, quo et *aucupium* et *piscatio* referuntur; OCCUPATIO BELLICA, et INVENTIO.

§ 345. VENATIO *est occupatio ferarum bestiarum*(*a*), *sive terrestrium, sive volucrium, sive piscium, quippe quæ nullius sunt* (§ 342) (1). Non ergo venamur bestias mansuetas, (2), nec mansuefactas, aliter quam si animum revertendi deposuerint (3).

(1) *L.* 1, § 1, *ff. de acq. rer. dom.* § 12, *Inst. h. t.* —(2) *L.* 5, § 6, *ff. eod* —(3) *L.* 4, *L.* 5, § 5, *ff. de acq. rer. dom.* § 15, *Inst. h. t.* Conf. *Elem. Jur. nat. et gent. l. c.* 244.

§ 346. Quum ergo feræ bestiæ veteribus

(*a*) FERÆ bestiæ sunt, quæ libere vagantur, nec sine vi occupantur, quo jura nostra et apes, columbas, pavones referunt, § 14, 15, *Inst. h. t.* quamvis magis mansuefactis accenseri videantur; MANSUEFACTÆ enim feræ sunt domi nostræ cicuratæ, uti cervi, columbæ pavones, apes. MANSUETÆ, animalia domestica, ut anseres, gallinæ, § 16, *Inst. h. t.*

l'intention et un acte corporel (1); 3° que les choses qui ne peuvent être retenues sous notre puissance, ne peuvent pas non plus être occupées (2).

§ 344. Les différentes espèces d'occupation sont la *chasse*, qui renferme aussi l'*oisellerie* et la *pêche*; le *butin fait sur l'ennemi*, et l'*invention*.

§ 345. La *chasse* est *l'occupation de bêtes sauvages* (*a*), *soit quadrupèdes, soit volatiles, soit poissons, parce qu'elles n'appartiennent à personne* (1). Ainsi les bêtes privées ne sont pas l'objet de la chasse (2), ni les bêtes apprivoisées; à moins qu'elles n'ayent perdu l'esprit de retour (3).

§ 346. Les anciens regardaient donc les bêtes

(*a*) Les bêtes sauvages sont celles qui errent en liberté et dont on ne s'empare que par force, telles sont dans notre Droit, les abeilles, les pigeons, les paons, § 14, 15, *Inst. h. t.*, quoique l'on paraisse plutôt devoir les mettre au nombre des bêtes apprivoisées; car celles-ci sont en quelque sorte accoutumées à nos maisons, comme les cerfs, les pigeons, les abeilles. Les *bêtes privées* sont les animaux domestiques, comme les oies, les poules, § 16, *Inst. h. t.*

jure gentium visæ sint nullius (§ 345) (1), consequens est I. ut captæ statim nostræ fiant (§ 343, I.) (2), adeoque II. capi possint, non modo in fundis nostris, sed et alienis, dum ne dominus ingredientes nos prohibeat (3); III. ut capi non possint, vivariis, alveariis, vel piscinis inclusæ, quia non sunt nullius (§ 343 I.) (4); IV. ut qui animalia mansueta aut mansuefacta intercipit, furtum committat, ob eamdem rationem (5); V. ut vulneratio non sufficiat, nisi sequatur adprehensio, vel manu, vel laqueis, aliisque instrumentis facta (6).

(1) § 12, *Inst h. t. L.* 3, *pr.* § 1, *ff. de acq. rer. dom.* —(2) *L.* 1, § 1, *ff. eod.* —(3) *L.* 3, § 1, *ff. de acq. rer. domin.*—(4) *L.* 3, § 14, *ff. de acq. vel amitt. poss.*—(5) *L.* 5, § 6, *L.* 44, *ff. de acq. rer. dom.* § 16, *h. t.* — (6) *L.* 5, § 1, *L.* 55, *de acq. rer. dom.* § 13, *Inst. h. t.*

§ 347. Illud singulare est, quod feræ, simul ac custodiam nostram evaserunt, nostræ non maneant, sed libertatem pristinam recuperare, atque hinc occupanti cedere dicantur (1), quum alias res amissæ nostræ maneant, et a quovis recte vindicentur (§ 333., I.) (2). Ex quo infertur, et examen apium eo usque nostrum intelligi, dum in conspectu nostro sit, nec difficilis videatur ejusdem persequutio (3).

(1) § 12, *Inst. h. t.*—(2) Vid. Grot. *Lib.* 2, *cap.* 8, § 3.—(3) § 14, *Inst. h. t.*

§ 348. Occupatione bellica adquiruntur *personæ et res hostium, quæ capiuntur*, quippe farouches comme n'appartenant à personne, d'après le droit des gens (§ 345) (1), il s'en suit 1° qu'une fois prises, elles sont aussitôt à nous (§ 343 1°) (2); en sorte 2° qu'elles peuvent être prises sur notre terrain et sur celui d'autrui, pourvu que le maître ne nous empêche pas d'y entrer (3); 3° que l'on ne peut les prendre quand elles sont enfermées dans des viviers, des réservoirs, des piscines, parce que ce ne sont pas des choses qui n'appartiennent à personne (§ 343 1°) (4); 4° que celui qui retient les animaux privés ou apprivoisés, commet un vol par la même raison (5); 5° qu'il ne suffit pas de blesser l'animal, à moins qu'on ne le saisisse ou avec la main, ou avec des filets, ou de toute autre manière (6).

§ 347. Une chose particulière aux bêtes sauvages, c'est qu'aussitôt qu'elles se sont échappées de notre puissance, elles ne demeurent plus nôtres, mais recouvrent leur liberté, et appartiennent au premier occupant (1); tandis que tout autre effet perdu demeure à nous, et peut être revendiqué contre toute personne (§ 333, 1°) (2). D'où l'on conclut qu'un essaim d'abeilles reste à nous tant qu'il est sous nos yeux et que la poursuite n'en est pas difficile (3).

§ 348. *Par le butin fait à la guerre*, nous acquérons *les personnes et les choses des enne-*

ex principiis juris romani res nullius (*a*) (1). Ex quo principio infertur, I. ea quæ ab hostibus capimus (non quæ bello civili (2), jure gentium statim nostra fieri) (3). II. Quumque et nos hostes simus, jus esse et hostibus nostris capta recuperandi, et erepta denuo eripiendi (4), adeoque III. non prius res captas nostras intelligi, quam si intra præsidia nostra

(1) *L.* 1, § 1, *ff. de acq. vel omit. possess.* Westemb. *Princip. jur. ff. ad tit. de acq. rer. dom.* § 39.—(2) *L.* 21, § 1, *de capt. et postl.*— (3) *L.* 5, § *ult. ff. de acq. rer. dom.* § 17, *Inst. h. t.* — (4) Puffend. *de Jur. nat. et gent. lib.* 4, *cap.* 6, § 14.

(*a*) Apposite eam in rem Puffendorf. *de jur. nat. et gent.*, *lib.* 4, *cap.* 6, § 14. *Sciendum est, per statum hostilem, uti cetera jura pacifica, ita et effectum dominii rumpi hactenus, ut non amplius quis teneatur ab istius* (*hostis*) *rebus manus abstinere, nisi qua humanitas suaserit. In bello ergo res hostium in ordine ad alium hostem redduntur velut dominio vacuæ: non quod hostes per bellum ipso jure rerum suarum domini esse desinant, sed quia illorum dominium non obstat hosti, quominus eas res auferre, sibique habere possit. Prorsus uti ad rei vacuæ dominium adquirendum sola adprehensio sufficit.* Vid. quæ diximus in *Elem. Jur. nat. et gent. l. c.* § 247.

mis, lorsque nous les prenons; parce que, selon les principes du Droit romain, ce sont des choses qui n'appartiennent à personne (*a*) (1); de ce principe il suit, 1° que ce que nous prenons sur l'ennemi (et non pas dans une guerre civile) (2), nous est aussitôt acquis d'après le droit des gens (3); 2° que réciproquement comme nous sommes ennemis à l'égard de nos ennemis, ceux-ci ont le droit de reprendre ce qu'on leur a pris, et de nous arracher ce qu'on leur a arraché (4); 3° que le butin n'est pas censé nous appartenir avant qu'il ait été trans-

---

(*a*) Puffendorf, *de jur. nat. et gent. liv.* 4, *ch.* 6, § 14, dit précisément sur ce sujet : « Il faut savoir » que l'état de guerre, en même temps qu'il rompt » tous les droits de la paix, rompt aussi l'effet de » la propriété, en sorte que l'on n'est tenu d'en » abstenir ses mains, qu'autant qu'on écoutera » l'humanité. Ainsi dans la guerre, les choses de » l'ennemi sont, relativement à l'autre ennemi, » comme sans propriétaire, non que par la guerre » les ennemis cessent de plein droit d'être pro- » priétaires de leurs choses, mais parce que leur » domaine n'empêche pas l'ennemi d'enlever la » chose et de la garder pour lui. Car étant consi- » dérées comme n'appartenant à personne, la seule » occupation suffit pour en acquérir la propriété. » Voyez ce que nous avons dit dans les *Elém. du Droit nat. et des gens*, *l. c.* § 247.

fuerint perlatæ (1). IV. Milites stipendiarios, qui res capiunt, esse in ministerio imperantium adeoque eos res publico belli actu captas non sibi, sed reipublicæ adquirere, et hinc peculatûs reos esse, si quid sibi retineant (2). V. Immobilia non cedere militibus, sed reipublicæ, et hinc agrum hosticum publicari (3). VI. Ex mobilibus ea relinqui militibus, quæ permittente imperatore, prædam agentes ceperint (4).

(1) *L.* 5, § 1, *ff. de capt. et post.* — (2) *L. penult. ff. ad leg. Jul. peculat.* — (3) *L.* 20, § 1, *ff. de capt. et postl.* — (4) *L.* 36, § 1, *Cod. de donat.*

§ 349. Quemque hosti idem jus sit recuperandi, quod nobis eripiendi (§ 348, 2°), consequens est, VII. ut si personæ æque ac res captæ vel se subducant, vel recuperentur, illæ libertatem recipiant, hæ ad priores dominos revertantur JURE POSTLIMINII (1). Quod jus in bello obtinet : in pace non aliter, quam si in pacis conditionibus de reddendis captivis convenerit, hique redierint (*a*) (2), vel si redimantur (3):

(1) *L.* 7, *L.* 19, *ff. de capt. et postl.* — (2) *L.* 20, *pr. L.* 28, *ff. eod.* — (3) *L.* 12, § 11, *ff. eod.*

(*a*) Nec obstat *L.* 12, *pr. ff. de capt. et postl.* Eam enim non de his, qui pace factâ se subducunt, porté dans un lieu sûr (1); 4° que les milices soldées qui prennent du butin à l'ennemi, sont les instruments des généraux et acquièrent, non pas pour elles, mais pour l'état, ce qu'elles ont pris dans une opération militaire, et que par conséquent elles sont coupables de péculat, lors qu'elles retiennent quelque chose pour elles (2); 5° que les choses immobilières n'appartiennent pas aux soldats, mais à l'état, et qu'alors on vend à son profit les immeubles de l'ennemi (3); 6° que parmi les choses mobilières, on laisse aux soldats ce qu'ils ont pris en allant au pillage avec la permission du général (4).

§ 349. Et comme l'ennemi a le même droit de reprendre que nous d'arracher (§ 348, 2°), il suit 7° que si les personnes ainsi que les choses prises, s'échappent ou sont reprises, les premières recouvrent la liberté, les secondes retournent à leurs anciens maîtres par le *droit de Postliminium* (1). Tel est le droit de la guerre. Dans la paix, il n'a lieu qu'autant que dans les conditions de paix, on est convenu de rendre les prisonniers, et que ceux-ci sont rentrés chez eux (*a*) (2), ou qu'ils ont été rachetés (3).

(*a*) On ne doit pas regarder comme opposée, la loi 12, *pr. ff. de capt. et postl.;* car elle parle, non pas

§ 350. Inventione adquiruntur *res, quæ vel suâ naturâ nullius, vel pro derelictis habitæ* (§ 342), *adprehenduntur* (§ 343, I.) (1). Quum ergo res suâ naturâ nullius, cedant occupanti (343, I.) : recte infertur, lapillos, gemmas, aliaque in littoribus inventa, et ab aliis nondum occupata, jure gentium invenientis fieri (2).

(1) *L.* 1, § 1, *L.* 3, § 3, *ff. de acq. vel amitt. possess.* — (2) § 18, *Inst. h. t. L.* 3, *pr. ff. eod. L.* 1, § 1, *ff. de acq. vel amitt. poss.* Confer *Elem. Jur. nat. et gent. L. c.* § 248.

§ 351. Quumque et res pro derelictis habitæ occupanti cedant (343) sequitur, I. ut et thesaurus (*a*), cujus non extat memoria (1), a

(1) *L.* 31, § 1, *ff. L.* 63, *pr. ff. de acq. rer. dom. L. unic. C. de Thes.*

---

et furtum suì ipsius committunt, sed de iis, qui bello subito exorto, apud hostes deprehenduntur, loqui, præclare docuit Bynkersh. *Observ. lib.* 1, *cap.* 20, *pag.* 81.

(*a*) In jure hæc adquisitio aliquando accessionibus accensetur, ut § 39, *Inst. h. t.*; aliquando inventionibus, ut *L.* 31, § 1, *ff. de adquir. rer. dom.*; sed hæc nec ἀντινομίαν, nec dissensum ureconsultorum arguunt. Fundi dominus partem suam adquirit jure accessionis, si alius for-

§ 350. Par l'*invention*, on acquiert *les choses qui par leur nature n'appartiennent à personne ou sont abandonnées* (§ 342), *et dont on s'empare* (343 1°) (1). Ainsi, comme une chose qui de sa nature n'appartient à personne, est acquise à l'occupant (§ 343, 1°), delà on conclut valablement que les pierreries, les perles et tout ce qu'on trouve sur le bord de la mer, quand personne ne s'en est emparé, appartiennent, d'après le droit des gens, à celui qui les trouve (2).

§ 351. Les choses abandonnées, appartenant aussi au premier occupant (§ 343), il suit 1° qu'un trésor (*a*) dont le souvenir n'existe plus (1), trouvé par nous sans le secours de la magie, dans un lieu qui nous appartient, nous

---

de ceux qui, la paix faite, se sont soustraits et commettent un vol de leur propre personne, mais de ceux qui, lorsque la guerre est subitement déclarée, sont surpris et arrêtés chez l'ennemi, comme l'a très-bien fait voir Bynkersk. *Obs. liv.* 1, *ch.* 20, *p.* 81.

(*a*) Dans les lois, cette acquisition du trésor est quelquefois mise au nombre des accessions, § 39, *Inst. h. t.*, quelquefois au nombre des inventions, *L.* 31, § 1, *ff. de adquir. rer. dom.* Il n'y a ici ni *antinomie*, ni diversité d'opinion. Le maître du fonds acquiert sa part, en vertu du droit d'accession, lorsqu'un autre a trouvé le trésor par hasard;

nobis in loco nostro sine artibus magicis inventus, nobis adquiratur (1). Nam II. in loco alieno, sive privato, sive publico, fortuito inventus, ex dimidiâ parte inventori, ex dimidiâ domino vel reipublicæ jure accessionis cedit; III. datâ operâ in fundo alieno quæsitus et inventus totus domini est, et inventor, tanquam qui rem alienam contrectavit, punitur; IV. artibus odiosis quæsitus atque inventus a fisco eripitur (2).

(1) § 39, *Inst. h. t. L.* 63, *pr. ff. de acquir. rer. dom. L. unic. C. de thes.* — (2) § 39, *Inst. h. t. L.* 63, *ff. de acq. rer. dom. L. unic. Cod. de thes. L.* 3, § *penult. ff. de jur. fisc.*

§ 352. Et quia nemo dereliquisse rem intelligitur, nisi qui eo abjecit animo ut eam in rerum suarum numero esse nolit (§ 342); infertur inde I. occupanti non cedere res amissas, veluti de rhedâ currente cadentes (1). II. Ab alio vindicari non posse oves, aliaque pecora nobis a lupis erepta (2). III. Bona quoque

(1) § 47, *Inst. h. t.* — (2) *L.* 8, § *ult. ff. fam. ercisc.*

---

tuito invenerit; jure occupationis et accessionis si ipse invenerit. Qui in alieno fundo inventi partem accipit, eam capit solo jure occupationis. Potest ergo diverso respectu ad utramque referri.

est acquis (1); car 2° le trésor trouvé fortuitement dans un lieu étranger appartenant ou à un particulier ou à l'état, est acquis pour moitié à l'inventeur, et pour moitié au particulier maître du lieu, ou à l'état par droit d'*accession*. 3° Le trésor cherché exprès et trouvé dans le terrain d'autrui, appartient tout entier au propriétaire du lieu; et l'inventeur est puni comme s'étant saisi de la chose d'autrui. 4° Le trésor cherché et découvert par des moyens réprouvés, est confisqué au profit de l'état (2).

§ 352. Et parce que personne n'est supposé avoir abandonné sa chose, si ce n'est lorsqu'il l'a rejetée du nombre de celles dont il veut être propriétaire (§ 342), il suit 1° que l'occupation ne rend pas maître des choses perdues, par exemple, des objets qui tombent d'une voiture en marche (1); 2° que les moutons ou autres animaux qu'un loup nous aurait enlevés, ne peuvent être, revendiqués par un autre (2); 3° que les biens des naufragés ou

---

il l'acquiert par droit d'occupation et par droit d'accession, s'il le trouve lui-même. Celui qui reçoit une partie de ce qu'il a trouvé dans le fonds d'autrui, la reçoit par le seul droit d'occupation. Cette acquisition peut donc, considérée sous des rapports différents, se rapporter à l'un et à l'autre mode.

naufragorum, vel res levandæ navis causså ejectas, non posse ab alio occupari (1).

(1) *L.* 21, § 1, *ff. de acq. poss. L.* 8, *ff. ad L. Rhod. L.* 9, § *ult. ff. de acq. rer. dom. L.* 43, § 4, *seq. ff. et auth.* Navigia, *C. de furt.*

§ 353. Hactenus de OCCUPATIONE, ejusque speciebus (§ 342 et 344). Sed ab his principiis tantum non ubique hodie receditur. Venationes enim plerumque ad solos imperantes eosque, quibus illæ vel in feudum datæ, vel privilegio concessæ sunt, pertinent. Militibus conductitiis raro pars prædæ conceditur; sæpius iis, qui sponte castra sequuntur, ut prædatum exeant, vel qui mandante republicâ navibus armatis hostilibus navibus insidiantur, easque intercipiunt. Res in littore maris inventas multis locis fiscus sibi vindicat. Nec ignotum, eumdem in Daniâ, aliisque quibusdam locis, occupare bona naufragorum. Aliud in Frisiâ nostrâ (1).

(1) *Stat. lib.* 1, *tit.* 24, § 13, Zach. Huber. *Obs. rer. jud. obs.* 10; Conf. *Elem. Jur. germ. lib.* 2, *tit.* 2, § 51 *et seq.*

§ 354. Alter modus originarius est ACCESSIO, id est *jus acquirendi, quod rei nostræ adjungitur, incrementum* (§ 341): eaque recte a doctoribus in NATURALEM, INDUSTRIALEM et MIXTAM dividitur. Quidquid enim vel naturæ beneficio, vel arte, atque industriâ rei nostræ accedit, nostrum fit (1).

(1) Conf. *Elem. Jur. nat. et gent. l. c.* § 250.

les choses jetées à la mer pour soulager le navire, ne peuvent être acquises à d'autres par occupation (1).

§ 353. Jusqu'ici nous avons traité de l'*occupation* et de ses espèces (§ 342, 344); mais dans beaucoup de lieux on suit à peine ces principes. Car presque partout la chasse appartient aux princes seuls ou à ceux à qui elle a été donnée à titre de fief, ou accordée par privilége. Rarement les troupes à la solde de l'état ont leur part du butin; plus souvent on la donne à ceux qui suivent volontairement l'armée, afin d'aller au pillage; ou à ceux qui par ordre du prince arment en course pour attaquer et prendre les vaisseaux ennemis. Dans beaucoup de pays, les choses trouvées sur le bord de la mer appartiennent au fisc; et l'on n'ignore pas qu'en Danemarck et dans quelques autres pays, le fisc s'empare des biens des naufragés; mais, dans notre Frise, il en est autremment (1).

§ 354. L'autre manière originaire est l'*accession*, c'est-à-dire *le droit d'acquérir l'accroissement qui s'unit à notre chose* (§ 341) et les jurisconsultes la divisent en *naturelle*, *industrielle* et *mixte* : car tout ce qui, soit par le bénéfice de nature, soit par le secours de l'art et de l'industrie, se joint à notre chose, devient notre propriété (1).

§ 355. NATURALIS ACCESSIONIS modi sunt varii, FOETURA, *quâ quidquid ex ventre in dominio nostro constituto nascitur, nostrum est* (a) (1); INSULA in flumine nata (2); ALLUVIO, id est *incrementum beneficio fluminis pedetentim et latenter adjectum* (3); VIS FLUMINIS, *incrementum semel et simul adjectum* (4), et ALVEI MUTATIO (5).

(1) *L.* 4, *L.* 6, *ff. de acq. rer. dom. L.* 5, § 2, *ff. de rei vindicat.* — (2) *L.* 30, § 2, *ff. eod.* — (3) § 20, *Inst. h. t.* — (4) § 21, *Inst. eod.* — (5) § 25, *Inst. eod.*

§ 356. Ex his vero sequitur, I. ut quidquid ex animalibus nascitur, sit domini ventris (1). Ut et vernæ ex ancillis nostris nati nostri sint (§ 81) (2). III. Ut liberi extra ma-

(1) § 19, *Inst. h. t.* — (2) § *ult. Inst. de jur. pers. L.* 7, *C. de rei vind.*

(*a*) Generatim enim id principium cum stoicis commune habebant veteres jureconsulti (§ 18 *), fœtum in utero non esse animal, sed partem ventris. Uti enim stoici embryonem vocabant μέρος τῆς γαστρὸς, οὐ ζῶον. Plutarch. *de Placit. Phil. lib.* 5, *cap.* 15 *et* 26. Seneq. *Epist. ult.* ita jureconsultis ille non erat homo, *L.* 9, *ff. ad leg. Falcid.* sed mulieris vel viscerum portio, *L.* 1, § 1, *ff. de ventr. insp.* non animal, sed spes animantis, *L.* 3, *ff de mort. infer.* Merill. *Obs. lib.* 1, *cap.* 16.

§ 355. Il y a diverses sortes *d'accession naturelle, telles* que le *croît, par lequel tout ce qui naît du ventre qui est en notre puissance, nous appartient* (1) *l'île* née dans un fleuve (2) (*a*); *l'alluvion*, c'est-à-dire, *un accroissement ajouté peu à peu et insensiblement par le bienfait du fleuve* (3); *la violence du fleuve ou l'accroissement ajouté en une fois, et tout à coup* (4); *et le changement de lit* (5).

§ 356. De là il suit, 1° que tout ce qui naît des animaux appartient au maître du ventre (1); 2° que les hommes nés de nos esclaves, sont nos esclaves (§ 81) (2); 3° que les enfants nés

---

(*a*) En général, ce principe était commun aux stoïciens et aux anciens jurisconsultes (§ 18, *), que le fruit dans le ventre n'était point un animal, mais une partie du ventre. Car, de même que les stoïciens appelaient l'embryon *une partie du ventre, et non un animal*, Plutarque, *de placit. phil. liv.* 5, *ch.* 15 *et* 26; Sénèque, *Epît. dern.*; de même selon les jurisconsultes, il était non point un homme, *L.* 9, *ff. ad leg. Falcid.*, mais une partie de la femme, ou de ses entrailles, *L.* 1, § 1, *ff. de ventr. insp.*, non pas un être, mais l'espérance d'un être, *L.* 5, *ff. de mort. infer.*, Mérille, *Obs. liv.* 1, *ch.* 16.

trimonium nati, conditionem matris sequantur (§ 91 *) (1).

(1) *L.* 19, *ff. de stat. homin.*

§ 357. Ex eodem inferebant Romani, IV. insulam in medio flumine natam, communem esse eorum, qui utrinque prope ripam prædia possideant, pro modo latitudinis cujusque prædii; V. alteri ripæ propiorem eis qui ab illâ parte ripæ possident prædia, accedere (1). VI. Id jus non pertinere ad novas insulas in mari natas, quæ tanquam res nullius cedunt occupanti (2); VII. nec ad agros, quos flumen superius divergens et inferius unitum in insulæ formam redegit, qui manent prioris domini (3).

(1) § 22, *Inst. h. t. L.* 7, § 3. *L.* 29, *L.* 30, § 1, *ff. de acquir. rer. domin.* — (2) *L.* 7, § 3, *ff. eod.* — (3) *L.* 7, § 4, *L.* 30, § 2, *ff. eod.* § 22, *Inst. h. t.*

§ 358. Porro inde inferunt jureconsulti, VIII. quidquid per alluvionem agro nostro flumini proximo (*a*), adjicitur, nostrum esse (1); IX.

(1) § 20, *Inst. h. t. L.* 7, § 1, *ff. h. t.*

(*a*) Id intelligendum de agris *arcifiniis*, qui non aliis inclusi sunt finibus, quam naturalibus, veluti montibus, vel flumine publico, adeoque, Frontino teste, nullâ mensurâ continentur. Ab his differunt *agri limitati*, qui olim ex agro publico ad certam hors mariage, suivent la condition de la mère (§ 91, *) (1).

§ 357. Du même principe les Romains concluaient, 4° que l'île née au milieu d'un fleuve, est commune à ceux qui possèdent des terrains sur l'une et l'autre rive, et en raison de la largeur de chaque terrain; 5° que si elle est plus proche de l'une des rives, elle appartient à ceux qui possèdent des terrains sur cette partie de la rive (1); 6° que ce droit ne s'applique pas aux îles nouvelles, qui naissent dans la mer, lesquelles, comme choses qui n'appartiennent à personne, sont acquises au premier occupant (2); 7° qu'il ne s'applique pas non plus aux champs, auxquels un fleuve, en se séparant puis se réunissant plus bas, donne la forme d'une île, et qui restent à leur premier maître (3).

§ 358. De là les jurisconsultes infèrent, 8° que tout ce qui, par alluvion, est ajouté au terrain qui nous appartient au bord d'un fleuve (1), est à nous (*a*); mais 9° que ce qui

---

(*a*) Cela doit s'entendre des champs illimités, qui ne sont terminés par d'autres limites que celles de la nature, telles que les montagnes, ou un fleuve public, et qui par conséquent, au témoignage de Frontin, ne sont déterminés par aucune mesure. Ceux-là diffèrent des champs *limités*, qui, pris quod vero per vim fluminis adjicitur, prioris domini manere, nisi is interea, dum pars adjecta coaluit, et arbores in fundum nostrum radices egerunt, illam prædii sui partem vindicare neglexerit (1).

(1) § 21, *Inst. h. t. L.* 7, § 2, *ff. de acq. rer. dom.*

§ 359. Denique inde colligunt jureconsulti, X. alveum, quem flumen derelinquat, eorum similiter esse, qui utrimque prædia possident pro modo prædiorum (1). XI. Inundationem autem speciem fundi non mutare, eumque, aquà recedente, ejus manere, cujus et antea fuerit (2).

(1) *L.* 7, § 5, *ff. de acquir. rer. dom.* — (2) *L.* 7, § 6, *ff. eod.* § 24, *inst. h. t. L.* 1, § 9, *ff. de flumin.*

---

mensuram possidendi dabantur, et *adsignati*, qui per extremitatem mensuræ comprehendebantur. His enim posterioribus quod accedebat, publicum erat; illis si quid accresceret, id domino agri cedere dicebatur, *L.* 16, *ff. de acquir. rer. dom.* *L.* 1, § 6, *de flum.* Qui agri *arcifinii* et *limitati* fuerint, ex Aggenio et Frontino exposuerunt Connan. *lib.* 3, *Comment. cap.* 5. Giphan. *ad L.* 16, *ff. de adquir. rer. dom.* Sed adcuratius Jo. Frid. Gronov. *not. ad Grot. de J. B. et P.*, *lib.* 2, *cap.* 3, § 16, *n.* 1.

y est ajouté par la violence du fleuve, appartient au premier maître, à moins que, dans l'intervalle jusqu'à ce que la partie ajoutée se soit incorporée, que les arbres aient étendu leurs racines dans notre fonds, le propriétaire n'ait négligé de revendiquer cette partie de son terrain (1).

§ 359. De là enfin les jurisconsultes concluent, 10° que le lit abandonné par un fleuve, appartient pareillement à ceux qui sur les deux rives possèdent des héritages, et cela selon la largeur des héritages (1); mais 11° que l'inondation ne change pas la nature du fonds, et que, quand l'eau se retire, il appartient toujours au même maître (2).

---

sur le territoire public, se donnaient autrefois à posséder jusqu'à concurrence d'une certaine mesure; et des champs *assignés*, qui étaient renfermés dans des limites déterminées : ce qui se joignait aux champs de ces deux dernières classes appartenait à l'état; l'accroissement des autres, était pour le maître du champ, *L.* 16, *ff. de adquir. rer. dom. L.* 1, § 6, *de flum.* Quels étaient les champs *illimités* et *limités*, c'est ce qui a été exposé d'après Agenius et Frontin, par Connanus, *liv.* 3, *Comment. ch.* 5 : Giphannius, *ad L.* 16, *ff. de adquir. rer. dom.*; mais plus exactement par J. Frédér. Gronovius. *Notes sur Grotius, de jur. B. et P. liv.* 2, *ch.* 3, § 16, *n.* 1.

§ 360. Sed hæc non ubique eodem modo servantur. Insulæ sunt ejusdem cujus est flumen, adeoque eas sibi princeps vel respublica vindicare solet (§ 328). Idem alicubi circa alluvionem et alveum derelictum contingit; adeo, ut in Germaniâ vassalli a principibus investiri soleant alveo fluminis derelicto. Immo et agris inundatis passim præscribitur decennio in utilitatem principis (1).

(1) Voët *ad* § 23, *Inst. h. t.* Conf. *Elem. Jur. nat. et gent. lib.* 12, *tit.* 3, § 62, *seqq.*

§ 361. Hactenus de *accessione naturali*: sequitur INDUSTRIALIS (§ 354), cujus species sunt ADJUNCTIO, SPECIFICATIO, COMMIXTIO (1).

(1) *Conf. Elem. Jur. nat. et gent. lib.* 1, § 250 *et* 256 *s q.*

§ 362. ADJUNCTIO est, *quando aliena res materiæ nostræ adjungitur*, veluti per *inclusionem*, *adferruminationem*, *intexturam*, *inædificationem*, *scripturam*, *picturam*. Ubi semper accessorium sequitur suum principale (1)

(1) *L.* 26, § 1, *ff. de acq. rer. dom.* § 26, *Inst. h. t.*

§ 363. Ex eo ergo generali principio, I. gemma aliena, auro meo inclusa, mihi cedit (1); II. res, per adferruminationem rei meæ adjuncta, tanquam pars integralis, mea fit (2);

(1) *L.* 19, § 13 *et seq. ff. de aur. arg. legat.*—(2) *L.* 27, *pr. ff. de acquir. rer. dom.*

§ 360. Mais ce droit n'est pas observé partout de la même manière. Les îles appartiennent à celui à qui appartient le fleuve. C'est pourquoi le prince ou la république a coutume de les revendiquer (§ 328). Cela s'observe aussi, dans quelques endroits, pour l'alluvion et le lit abandonné; de sorte qu'en Allemagne les vassaux sont ordinairement investis par le prince, du lit qu'un fleuve abandonne. Bien plus en plusieurs pays, les terres inondées se prescrivent par dix ans au profit du prince (1).

§ 361. Jusqu'ici nous avons traité de l'*accession naturelle*. Vient maintenant l'*accession industrielle* (§ 354), dont les espèces sont l'*adjonction*, la *spécification* et le *mélange*.

§ 362. Il y a *adjonction quand la chose d'autrui est jointe à notre matière comme par inclusion, soudure, tissu, bâtisse, écriture, peinture*. Et alors l'accessoire suit toujours le principal (1).

§ 363. Ainsi par ce principe général, 1° la pierre d'autrui, enchâssée dans l'or qui m'appartient, devient mienne (1); 2° la matière jointe à la mienne par soudure, est à moi, comme partie intégrante de ma chose (2); 3° la pourpre brodée sur mon habit, suit l'habit

III. Purpura, vesti nostræ intexta, accessionis vice cedit vestimento (1); IV. Quod solo inædificatur, solo cedit, sive nos materiâ nostrâ in alieno solo, sive alienâ materiâ in nostro solo ædificemus (2). V. Quod chartæ inscriptum, chartæ cedit (3); VI. et pictura etiam postremo ex subtiliorum sententiâ tabulæ cedebat (4), quamvis id ob artis dignitatem aliter visum sit Caio (5), cujus sententiæ suffragatur Justinianus (6).

(1) § 26, *Inst. h. t. L.* 7, § 1, *ff. ad. exhib.* — (2) *L.* 7, § 10 et 12, *ff. de acquir. rer. dom.* § 29, *Inst. h. t.* — (3) *L.* 9, § 1, *ff. eod.* § 33, *Inst. h. t.* — (4) *L.* 23, § 3, *ff. de rei vindic.*—(5) *L.* 9, § 2, *ff. de acq. rer. dom.*—(6) § 34, *Inst. h. t.*

§ 364. Quia tamen iniquum est, alterum cum alteriùs damno fieri locupletiorem: dominium non extinguitur, et hinc casibus primo, secundo et tertio domino gemmæ, metalli, purpuræ adversus bonæ fidei possessorem datur actio ad exhibendum (1), et condictio sine caussâ (2), adversus malæ fidei possessorem præterea actio furti et condictio furtiva (3).

(1) *L.* 23, § 5, *ff. de rei vindic.*—(2) § 26, *Inst. h. t.* — (3) § 26, *Inst h. t.*

§ 365. Similiter is, cujus quis materiam alter solo suo inædificavit, dominus quidem manet (1); ast eam stante ædificio, ob Legem

(1) § 29, *Inst. h. t. L.* 7, § 10, *ff. de acq. rer. dom.*

comme accessoire (1); 4° ce qui est bâti sur un sol, appartient au sol, soit qu'avec nos matériaux nous construisions sur le sol d'autrui, soit qu'avec les matériaux d'autrui nous construisions sur notre sol (2); 5° ce qui est écrit sur du papier, fait partie de ce papier (3); 6° la peinture, suivant l'avis des plus subtils, appartenait au maître de la toile (4); cependant à cause de la dignité de l'art, Caius avait pensé autrement (5); et Justinien a été de son avis (6).

§ 364. Cependant, comme il est injuste que quelqu'un s'enrichisse aux dépens d'autrui, la propriété n'est pas éteinte; et alors dans les premier, deuxième et troisième cas, on donne au maître de la pierre précieuse, du métal et de la pourpre, contre le possesseur de bonne foi, l'action pour faire exhiber (1), la condiction sans cause (2), et de plus contre le possesseur de mauvaise foi, l'action de vol et la condiction furtive (3).

§ 365. De même celui avec les matériaux duquel un autre a bâti sur son propre terrain, en reste, il est vrai, propriétaire (1); mais il ne peut les revendiquer, tant que l'édifice subsiste,

XII Tabularum vindicare nequit, ne urbs ruinis deformetur (1). Datur tamen illi actio de tigno juncto adversus possessorem in duplum (2). Quin, diruto ædificio, si duplum a malæ fidei possessore nondum consequtuus sit, materiam vel vindicare, vel ad exhibendum agere potest (3).

(1) *L.* 7, § 10, *ff. de acq. rer. dom.* — (2) *L.* 7, § 10, *eod.* - (3) § 29, *Inst. h. t.*

§ 366. Contra si quis in alieno solo suâ materiâ ædificavit, ædificator, in possessione bonâ fide constitutus, exceptione doli mali repellit dominum soli, pretio nondum soluto, petentem ædificium: malæ fidei possessor dominium materiæ amittit (1). Non possidenti nulla prodita est actio (*a*) (2).

(1) § 30, *Inst h. t. L.* 7, § 12, *ff. de acq. rer. dom.* — (2) *L.* 33, *ff. de cond. indeb. L.* 14, *ff. de dol. et met. exc. L.* 48, *ff. de rei vindicat.*

§ 367. Denique et scribenti contra dominum chartæ, et domino tabulæ contra pingentem, si in bonâ fide sint, datur actio in

(*a*) Quia tamen æquitas pro ædificante militat, facile in foris nostris ei dabitur actio in factum. Vid. Hub. *Prælect. Inst.* § 40.

à cause de la loi des Douze Tables, de peur que des ruines ne gâtent l'aspect de la ville (1); cependant il a pour le double de leur valeur contre le possesseur, l'action *de tigno juncto*, (des matériaux employés) (2); et même, lorsque l'édifice vient à être démoli, il peut, si le possesseur de mauvaise foi ne lui a pas payé le double, revendiquer les matériaux, ou agir pour les faire exhiber (3).

§ 366. Au contraire, si quelqu'un, avec ses matériaux, a bâti sur le sol d'autrui, il peut, s'il est de bonne foi, repousser par l'exception de dol, le propriétaire du fond qui demanderait l'édifice avant d'en avoir payé le prix; mais le possesseur de mauvaise foi perd la propriété des matériaux (1). Celui qui ne possède point le terrain, n'a aucune action (*a*) (2).

§ 367. Enfin, on donne à celui qui écrit, contre le maître du papier; au maître de la toile, contre celui qui a peint, une action *in factum* (d'après le fait), lorsqu'ils sont de bonne

---

(*a*) Cependant, comme l'équité parle en faveur de celui qui a bâti, on lui accorde facilement dans nos tribunaux l'action *in factum* Voir Huber. *Prælect. Inst.* § 40.

factum (1); sin in malâ, actio furti et condictio furtiva, vel actio in rem utilis (2).

(1) *L.* 23, § 5, *ff. de rei vind.*—(2) § 34, *Inst. h. t. L.* 9, § 2, *ff. de acquir. rer. dom.*

§ 368. Specificatio (§ 361) est *modus adquirendi, quo quis ex alienâ materiâ suo nomine novam speciem faciens ejus speciei dominium consequitur.* Accessio ergo hic fit formæ ad materiam. Quumque ambiguum veteribus videretur, formane materiâ, an materia formâ sit præstantior, de novæ speciei dominio in diversa abiere diversarum sectarum jureconsulti (*a*) (§ 7 *).

§ 369. Sed Justinianus decisione suâ (§ 7) ita finivit litem, ut, si res reduci possit ad priorem formam, dominus materiæ; si reduci haud

(*a*) Sabiniani enim plus materiæ tribuebant; Proculeiani formam, tanquam quæ rei det essentiam, præferebant, adeoque illi domino materiæ, hi specificanti novam speciem adjudicabant, *L.* 7, § 7, *ff. de acquir. rer. dom.* § 25, *Inst. h. t.* Mediam sententiam elegere plerique, postquam sectæ studium paullatim deferbuerat, *L.* 7, § 7, *L.* 12, § 1, *L.* 24, *L.* 26, *ff. de adquir. rer. dom.* Vid. Merill. *lib.* 1 *Obs. cap.* 21.

foi (1); et lorsqu'ils sont de mauvaise foi, l'action de vol, la condiction furtive et l'action réelle utile (2).

§ 368. La *spécification* (§ 361) *est une manière d'acquérir, par laquelle celui qui, avec la matière d'autrui, fait pour lui-même une nouvelle espèce, acquiert la propriété de cette espèce.* Ainsi il y a dans ce cas jonction de la forme à la matière, et comme c'était un point controversé, chez les anciens, de savoir lequel l'emportait de la matière sur la forme, ou de la forme sur la matière, les jurisconsultes des diverses sectes se sont partagés sur celui à qui appartiendrait la nouvelle espèce (*a*) (§ 7 *).

§ 369. Mais Justinien, par sa décision, à tranché ainsi la question (§ 7) : si la chose peut être ramenée à sa première forme, c'est

(*a*) Les Sabiniens attribuaient la supériorité à la matière; les Proculéiens préféraient la forme, comme donnant à la chose son caractère essentiel; c'est pourquoi les premiers donnaient la nouvelle espèce au maître de la matière; les seconds à celui qui avait créé la forme nouvelle, *L.* 7, § 7, *ff. de adquir. rer. dom.* § 25, *Inst. h. t.* La plupart suivirent un avis moyen, quand le zèle des sectes se fut un peu ralenti, *L.* 7, § 7, *L.* 12, § 1, *L.* 24, *L.* 26, *pr. ff. de adquir. rer. dom.* Voyez Mérille, *liv.* 1, *Obs. ch.* 21.

posset, specificans novam speciem retineret (1), et hic domino materiæ, si in malâ fide sit, ad æstimationem; sin in bonâ fide, in tantum teneretur, quantum factus esset locupletior (2).

(1) § 25, *h. t.* — (2) *L.* 23, § 5, *ff. de rei vind.*

§ 370. Commixtione (§ 361) *aut res aridæ duorum vel plurium commiscentur* (1), *aut res liquidæ.* Prior stricte commixtio; posterior confusio adpellatur (2). Priore casu, singulæ res suam substantiam et corpora discreta retinent, posteriore, non æque.

(1) § 28, *Inst. h. t.* — (2) § 27, *Inst. h. t.*

§ 371. Quum vero res liquidæ nòn maneant in priore substantiâ, aridæ maneant (§ 370): consequens est, I. ut utræque quidem materiæ, sive confusæ, sive commixtæ, communes sint, si voluntate utriûsque facta sit confusio vel commixtio (1); sed II. si voluntate uniûs facta, res confusæ fiant confundentis (2): ex commixtis unusquisque suam possit vindicare materiam (3). III. Ut denique res fortuito confusæ, itidem sint communes (4), res fortuito commixtæ a suo quæque domino vindicentur (5).

(1) *L.* 7, § 8, *ff. de acquir. rer. dom.* — (2) *L.* 5, § 1, *ff. de rei vind.* — (3) § 28, *Inst. h. t. L.* 5, *pr. ff. de rei vind.* — (4) *L.* 7, § 9, *ff. de acquir. rer. dom.* § 27, *Inst. h. t.* — (5) § 28, *Inst. h. t.*

le maître de la matière; si elle ne le peut pas, c'est l'auteur de la spécification qui garde la nouvelle espèce (1), et ce dernier est tenu de payer au maître de la matière, l'estimation, s'il est de mauvaise foi; et seulement ce dont il s'est enrichi, s'il est de bonne foi (2).

§ 370. Par le *mélange* (§ 361), *on met ensemble ou des chose sèches, ou des choses liquides appartenant à plusieurs propriétaires*(1). La première espèce s'appelle *mixtion*; la deuxième, *confusion* (2). Dans le premier cas, chaque chose conserve sa nature, et reste un corps distinct; dans le second il n'en est pas de même.

§ 371. Comme les choses liquides ne conservent pas leur première nature, et que les choses sèches la conservent (§ 370), il suit 1° que les unes et les autres, soit qu'il y ait confusion ou mixtion (1), sont communes, lorsque la confusion ou la mixtion a été faite du consentement des deux propriétaires; mais 2° que si c'est par la volonté d'un seul, les choses, en cas de confusion, appartiennent à celui qui l'a faite (2); et qu'en cas de mixtion, chacun peut revendiquer sa chose (3); enfin 3° que les choses liquides, confondues par hasard, deviennent également communes (4); que dans la mixtion faite par hasard, chaque propriétaire peut revendiquer sa chose (5).

§ 372. Hæc de accessione *naturali* et *industriali*: reliqua est MIXTA (354), quando et naturæ beneficio et industriâ hominum rei nostræ aliquid accedit; quo PLANTATIO, SATIO et FRUCTUUM PERCEPTIO referuntur (1).

(1) Conf. *Elem. Jur. nat. et gent. l. c.* § 264 *seq.*

§ 373. DE PLANTATIONE et SATIONE observanda axiomata: I. Quidquid solo implantatur, vel inseritur solo cedit (1). II. Arboris dominium jure romano ex radice æstimatur (2).

(1) *L.* 9, *pr. ff. de acquir. rer. dom.* § 32, *Inst. h. t.*— (2) § 31, *Inst. h. t.*

§ 374. Ex priore axiomate infertur, I. frumenta, sive aliena in meo agro, sive mea in alieno agro sata sint, agri domino cedere, deductis impensis (1). Ex posteriore, II. arborem, in confinio positam, ejus esse, cujus in fundum radices egerit, et III. si in utriusque fundum radices egerit communem; pro diviso haberi, quoad infixa manet solo: erutam communem pro indiviso fieri (2). Ex utroque: IV. plantam nostram in alieno solo, vel alienam in nostro solo positam, solo cedere, si radices egerit; V. antea vero posse a domino vindicari (3).

(1) *L.* 9, *pr. ff. de acquir. rer. dom.* § 32, *Inst. h. t.* — (2) *L.* 7, § *ult. L.* 8, *pr.* § 1, *ff. eod.* § 31, *Inst. h. t. L.* 19, *ff. commun. divid.* — (3) *D. L.* 7, § *ult. ff. eod. d.* § 31, *Inst. h. t.*

§ 372. Voilà pour l'accession *naturelle* et *industrielle*. Reste encore l'accession mixte (§354) : elle a lieu quand, et par le bienfait de la nature, et par l'industrie de l'homme, quelque chose se joint à ce qui nous appartient. On y rapporte *l'implantation*, la *semaille* et la *perception des fruits* (1).

§ 373. Sur l'*implantation* et la *semaille*, il faut observer ces axiômes : 1° tout ce qui a été planté ou semé dans un sol, appartient au sol (1) ; 2° la propriété d'un arbre s'estime, en Droit romain, par les racines (2).

§ 374. Du premier axiôme on conclud 1° que le froment, semé soit par autrui dans mon champ, soit par moi dans le champ d'un autre, appartient au maître du champ, déduction faite des dépenses (1). Du dernier on conclud 2° que l'arbre placé sur la limite d'un terrain, appartient à celui dans le fonds duquel il a ses racines ; et 3° que s'il a poussé ses racines dans les deux terrains, il est commun par portions distinctes tant qu'il tient au sol : mais qu'une fois arraché, il est commun, par indivis (2). Des deux axiômes réunis, il suit 4° que notre plante mise dans le terrain d'autrui, ou celle d'autrui dans notre terrain, appartient au sol, dès qu'elle a jeté des racines ; mais 5° qu'auparavant elle peut être revendiquée par son maître (3).

§ 375. Sed quod ad arbores attinet, hodie tam subtiliter plerisque locis non philosophantur, sed earum dominium ex stipite potius et ramis, in fundum nostrum vel alienum propendentibus, quam ex radicibus, judicant. Ita Saxones, ita Germani et Belgæ plerique (1).

(1) Huber. *prælect. Inst. h. t.* § 41. Conf. *Elem. Jur. germ. lib.* 2, *tit.* 3, § 65 *seq.*

§ 376. FRUCTUUM PERCEPTIO est *species accessionis, quâ is, qui rem alienam bonâ fide non interruptâ, et justo titulo possidet, loco domini est, et hinc fructus percipiendo suos facit* (1). BONA FIDE possidere videtur, *qui ignorat rem alienam esse, putatque eum, a quo caussam habet, tanquam dominum, procuratorem vel tutorem jus alienandi habuisse* (2). JUSTO TITULO possidet, *qui ex caussâ ad transferendum dominium habili possidet* (339). POSSIDERE denique non est rem *detinere, sed detinere animo dominii, vel rem sibi habendi*, quæ possessio stricte CIVILIS dicitur, et NATURALI opponitur in jure nostro (3).

(1) *L.* 48, *pr. L.* 23, § 1, *ff. de acq. rer. dom.* § 35, *Inst. h. t.*—(2) *L.* 109, *ff. de verb. sign.* (3) *L.* 1, § 9, *ff. de vi et vi arm. L.* 2, § 1, *ff. pro hered. L.* 38, § 7, *ff. de verb. oblig.*

§ 377. Quum ergo bona fides et justa caussa efficiant, ut loco domini sit possessor (§ 379):

§ 375. Mais pour ce qui concerne les arbres, en beaucoup de pays on n'est pas aujourd'hui si subtil; mais on en détermine la propriété par le tronc et les branches pendantes sur notre fonds ou celui d'autrui, plutôt que par les racines; ainsi font les Saxons, les Germains et la plupart des Belges (1).

§ 376. La *perception des fruits est une espèce d'accession, par laquelle celui qui possède la chose d'autrui, avec une bonne foi non interrompue et à juste titre, est considéré comme maître, et en conséquence acquiert les fruits en les percevant* (1). *Est censé* posséder *de bonne foi* celui *qui ignore que la chose appartient à autrui, et pense que celui dont il a reçu son titre, avait droit d'aliéner,* comme propriétaire, ou procureur fondé, ou tuteur (2). *Possède à juste titre, celui qui possède en vertu d'un titre propre à transférer la propriété* (§ 339). Enfin, *posséder* n'est pas *détenir la chose, mais la détenir dans la persuasion que l'on est propriétaire, ou dans l'intention de la garder pour soi.* Telle est la possession *civile*, proprement dite, que l'on oppose dans notre droit à la possession *naturelle* (3).

§ 377. Ainsi, comme la bonne foi et la juste cause font que le possesseur est regardé comme sequitur, I. ut fructus percipiendo suos faciat, id est, simul ac a solo vel arbore separati sunt (1). II. Ut et industriales et naturales percipiat (*a*) (2), (uti oleum, quod teste Plinio (3), sine omni culturâ provenit, et fœnum) (4). III. Ut malæ fidei possessor nihil lucretur, et non modo perceptos, sed et percipiendos fructus restituere teneatur (5).

(1) *D. L.* 48, *pr. ff. de acquir. rer. dom.* — (2) *D. L.* 48. Noodt. *probab. jur.* 11, 7.—(3) *Hist. nat. lib.* 15, *cap.* 1.— (4) *L.* 13, *ff. quib. mod. usufr. amitt.* Conf. Vinn. *ad* § 35, *Inst. h. t.* — (5) *L.* 33, *L.* 62, § 1, *ff. de rei vindic.* § 35, *Inst. h. t.*

§ 378. Quum tamen bona fides non faciat verum dominum; consequens est, IV. ut hoc superveniente, bonæ fidei possessor, fructus non quidem consumtos restituat, licet iis locupletior factus (1), sed tamen extantes (2).

(1) § 35, *Inst. h. t. L.* 4, § 2, *ff. fin. regund.* — (2) *L.* 22, *Cod. de rei vind.* § 35, *Inst. h. t.*

§ 379. Postquam de modis adquirendi juris gentium originariis actum: sequitur derivativus, qualis unus est, puta TRADITIO (§ 341.)

(*a*) Confirmatur hoc luculenter, *L.* 25, § 1, *ff. de usur. et L.* 136, *ff. de reg. jur.* Unde captanda non sunt verba Justiniani *pro culturâ et curâ*, nec pro synonimis accipienda. Caussam jam alii perorasse videntur.

maître (§ 376), il suit 1° qu'il rend les fruits siens en les percevant, c'est-à-dire dès l'instant qu'ils sont séparés du sol ou de l'arbre (1); 2° qu'il perçoit les fruits tant industriels que naturels (*a*) (2), comme l'huile, qui, suivant le témoignage de Pline (3), vient sans culture, et comme le foin (4); 3° que le possesseur de mauvaise foi ne gagne rien, et est tenu de rendre non seulement les fruits perçus mais aussi ceux qu'il pouvait percevoir (5).

§ 378. Cependant comme la bonne foi ne fait pas le vrai propriétaire, il suit, 4° que, si le propriétaire survient, le possesseur de bonne foi restitue non pas les fruits consommés, quoiqu'il s'en soit enrichi (1), mais les fruits existants (2).

§ 379. Après avoir traité des manières originaires d'acquérir, suivant le droit des gens, nous passons à la manière dérivée; il n'y en a qu'une, c'est la *tradition* (§ 341).

(*a*) Ceci est formellement confirmé par la loi 25, § 1, *ff. de usuris*, et la loi 136, *ff. de reg. jur.*, ainsi il ne faut pas argumenter sur les termes de Justinien, *pro culturâ et curâ* (pour sa culture et ses soins), ni les regarder comme synonymes. La question me paraît avoir déjà été épuisée par d'autres.

§ 380. Traditio est *modus adquirendi derivativus, quo dominus, qui jus et animum alienandi habet, rem corporalem ex justâ caussâ in accipientem transfert* (1).

(1) § 40 *et* 42, *Inst. h. t.* Conf. *Elem. Jur. nat. et gent. l. c.* § 266, *et* § 375 *seq.*

§ 381. Ex quâ definitone fluunt axiomata: I. Tradi posse res corporales. II. Tradi eas debere a domino, jus alienandi habente. III. Non transferri dominium, nisi traditio fiat animo alienandi. IV. Nec eâ adquiri dominium, nisi caussa ad transferendum dominium habilis (§ 339) præcedat (1).

(1) Ulr. Huber. *prælect. ad Inst. h. t.* § 12.

§ 382. Quum ergo traditio sit rerum corporalium (§ 381); sequitur, I. ut rerum incorporalium nulla sit traditio (1), sed quasi-traditio cujus loco est ex parte concedentis patientia, ex parte accipientis usus, vel exercitium (2). II. Ut ea fieri debeat vel translatione rei naturali, veluti datione rei mobilis e manu in manum (3), aut exhibitione immmobilis præsentis (4), vel signo quodam, v. c., traditione clavium, instrumentorum, etc., quæ traditio

(1) *L.* 43, § 1, *ff. de acquir. rer. dom. L.* 4, § 17, *ff. de usurp. et usucap.* — (2) *L.* 1, § *ult. ff. de servit. rust. præd. L. ult. ff. de servit.* — (3) *L.* 8, *ff. de pecul.* — (4) *L.* 1, § 1, *ff. de acquir. poss.*

§ 380. La *tradition est une manière d'acquérir dérivée, par laquelle le propriétaire qui a le droit et l'intention d'aliéner, transporte, en vertu d'une juste cause, une chose corporelle à quelqu'un qui l'accepte* (1).

§ 381. De cette définition découlent les axiômes suivants : 1° on peut livrer les choses corporelles; 2° elles doivent être livrées par le maître ayant droit d'aliéner; 3° la propriété ne passe pas, à moins que la tradition ne soit faite dans l'intention d'aliéner; 4° et par la tradition on ne devient pas propriétaire, à moins qu'elle ne soit précédée d'un titre propre à transférer la propriété (§ 339)(1).

§ 382. La tradition étant pour les choses corporelles (§ 381), il suit 1° que pour les choses incorporelles, il n'y a point de tradition (1); mais une *quasi-tradition*, qui s'opère de la part de celui qui cède, par la souffrance, et de la part de celui qui reçoit, par l'usage ou l'exercice (2); 2° que la tradition doit se faire ou par la translation naturelle de la chose, par exemple, en donnant une chose mobilière de la main à la main (3), ou par la démonstration d'un immeuble sur le lieu même (4), ou par un signe quelconque, tel que la remise des alias dicitur SYMBOLICA (1) : vel demonstratione e longinquo (2), quæ traditio dicitur LONGA MANU facta (3), vel denique fictione, rem tradi, quam jam accipiens ex aliâ caussâ possidet (4), quam vulgo traditionem BREVI MANU factam adpellant (5).

(1) *D. L* 1, § *penult. ff. de acq. pos.* *L.* 9, § 6, *ff. de acq. rer. dom.* § 44, *Inst. h. t. L.* 74, *ff. de contr. empt.* — (2) *L.* 18, § 2, *ff. de adq. poss.*—(3) *L.* 79, *ff. de solut.*— (4) § 43, *Inst. h. t. L.* 9; § 5, *L.* 21, § 1, *ff. de acq. rer. dom.*— (5) *L.* 43, § 1, *ff. de jur. dot.*

§ 383. Quumque traditio fieri debeat a domino jus alienandi habente (§ 381, II,), sequitur III. ut traditio a non domino facta in eum, qui a domino se accipere putat, non transferat dominium, quamvis bonæ fidei possessorem faciat accipientem (1). IV. Ut nec pupillus recte tradat, sine auctoritate tutoris (§ 252, II.) (2).

(1) *L.* 20, *pr. ff. h. t.*—(2) § 2, *Inst. quibus alien. lic. vel non.*

§ 384. Quia etiam in tradente requiruntur animus alienandi, et justa caussa, ex quâ fiat traditio (§ 381, III., IV.), consequens est, V. ut non transferatur dominium, si ejus modi caussa desit (1). Quin in emtione, venditione, ne sufficit quidem caussa, nisi vel pretium solutum sit, vel venditor fidem de eo habuerit (2). VI. Ut

(1) *L.* 31, *pr. ff. de acq. rer. dom.* — (2) § 41, *Inst. h. t. L.* 19, *ff. de contr. empt.*

clefs ou des titres : ce qu'on appelle en d'autres termes *tradition symbolique* (1); ou par une démonstration faite de loin (2), ce qu'on appelle *tradition de longue main* (3), ou en feignant que la chose est livrée, lorsque celui qui doit la recevoir la possède déjà à un autre titre (4), ce que l'on appelle tradition de *brève-main* (5).

§ 383. Et comme la tradition doit se faire par le maître ayant droit d'aliéner (§ 381, 2°), il suit, 3° que la tradition faite par celui qui n'est pas propriétaire à celui qui croit recevoir du propriétaire, ne transfère pas la propriété, quoiqu'elle rende celui qui reçoit possesseur de bonne foi (1); 4° que le pupille ne fait pas de tradition valable sans l'autorisation de son tuteur (§ 252, 2°) (2).

§ 384. Et comme on exige de celui qui livre l'intention d'aliéner et une juste cause sur laquelle soit fondée la tradition (§ 381, 3°, 4°), il en résulte, 5° que la propriété n'est pas transférée, s'il manque une semblable cause (1), et même dans la vente, il ne suffit pas de la cause; à moins que le prix ne soit payé, ou que le vendeur ne s'en rapporte pour cela à l'acheteur (2); 6° que la tradition peut se faire à traditio fieri possit et in personas incertas, modo indefinite certæ sint. Quo pertinet *jactus missilium* (*a*) (1).

(1) § 45, *Inst. h. t. L.* 9, § 7, *ff. de acq. rer. dom.* Conf. *Elem. Jur. germ. lib.* 2, *tit.* 3, § 72.

TITULUS II.

De Rebus Corporalibus et Incorporalibus.

§ 385. Superest altera divisio rerum in corporales et incorporales (§ 330), quam in hunc titulum rejecit imperator.

§ 386. Corporales res jureconsultis sunt, *quæ tangi possunt*: incorporales, *quæ tangi*

(*a*) Potest tamen commodius etiam ad occupationem referri. Qui enim missilia jactat, id facit animo ea sibi non amplius habendi, adeoque ea pro derelictis habet (§ 342). Res pro derelictis habitæ sunt nullius (§ *eod.*), adeoque cedunt occupantibus (§ 343, I.) Missilium ab Imperatoribus sparsorum exempla sunt apud Suet. Aug. *cap.* 98; Calig. *cap.* 18; Neron. *cap.* 11; a magistratibus *d.* § 45, *Inst. h. t. L.* 2, *C. de consul. et non sparg. pec. Nov.* 105, *cap.* 2, § 1.

des personnes incertaines, pourvu qu'elles soient déterminées en général; c'est à cette tradition que se rapportent les choses distribuées à la multitude (*a*) (1).

TITRE II.

Des Choses Corporelles et Incorporelles.

§ 385. Il reste une autre division des choses en *corporelles* et *incorporelles* (§ 330), que Justinien a rejetée au présent titre.

§ 386. Pour les jurisconsultes, les *choses corporelles* sont celles *qui peuvent être touchées*; les *choses incorporelles* celles qui *ne*

(*a*) Elles pourraient cependant être mieux placées sous l'occupation; car celui qui jette des choses qu'il veut distribuer, le fait dans l'intention de ne plus les avoir à soi, et ainsi les regarde comme abandonnées (342). Les choses regardées comme abandonnées, ne sont à personne (*même* §), et ainsi appartiennent au premier occupant (§ 343, 1°). On trouve des exemples de distributions faites par les empereurs dans Suétone, Vie d'Auguste, *ch.* 98; de Caligula, *ch.* 18; de Néron, *ch.* 11; par les magistrats, dans le § 45, *Inst. h. t.*; dans la *L.* 2, *C. de consul. et non sparg. pec. Nov.* 105, *ch.* 2, § 1.

non possunt (*a*). Cujus generis sunt ea, quæ in jure consistunt, ut hereditas, usus fructus, obligationes (1).

(1) *L.* 1, § 1, *ff. de rer. div.* § *unic. Inst. h. t.*

§ 387. Ergo pecunia, quatenus ex auro argentoque flata est, corporalis (1); quatenus in quantitate consistit, incorporalis est (2). Quantitates enim non magis quam qualitates, tanguntur; et hinc eleganter res incorporales, in *quantitates et qualitates* dividit H. Vulteius (3).

(1) § *unic. Inst. h. t. L.* 1, § 1, *de rer. div.* — (2) *L.* 46, *ff. de condict. indeb. L.* 5, *pr. ff. de impens. in rem. dotal. L. ult. ff. de adim. legat.* — (3) *in jurispr. rom. lib.* 1, *cap.* 6.

§ 388. Quum itaque hæ incorporales res tangi nequeant (386), consequens est, I. ut proprie nec possideantur, nec tradantur (§ 382, I.); nec in dominio sint (§ 335); sed tamen II. quasi possideantur, quasi tradantur

---

(*a*) Hæc quoque stoica sunt. Hi enim philosophi, quum omnes sensus ad tactum reducerent, corpus definiebant, quod tangi possit. Sen. *Epist.* 106. Iidem corpora sola *esse* adfirmabant: incorporales res non *esse*, sed *intelligi*, Cic. *Top. cap.* 5. Illa *res* vocabant, has *jura*, Quintil, *lib.* 5, *Inst. orat. cap.* 10. Et inde verba Paulli: *servitutes nec in bonis, nec extra bona esse*, interpretatur Ger. Noodt. Probab. *lib.* 2, *cap.* 5.

peuvent être touchées (*a*), De cette dernière espèce sont les choses qui consistent dans un droit, comme une hérédité, un usufruit, une obligation (1).

§ 387. Ainsi le numéraire, considéré comme formé d'une certaine partie d'or ou d'argent, est corporel (1), mais considéré comme faisant une valeur, il est incorporel (2); car les quantités ne peuvent pas plus se toucher que les qualités; de là les choses incorporelles ont été divisées en *quantités* et *qualités*, par Vulteius (3).

§ 388. Ces choses incorporelles ne pouvant être touchées (§ 386), il suit, 1° qu'à proprement parler elles ne peuvent être ni possédées ni livrées (§ 382, 1°); qu'elles ne sont point dans le domaine (§ 335); 2° mais

---

(*a*) Tout cela tient aussi à la philosophie stoïcienne; car les stoïciens ramenant tous les sens au tact, définissaient les corps ce qui peut être touché. Sén. *Ep.* 106. Ils soutenaient de même que les corps seuls *existaient*, que les choses incorporelles *n'existaient pas*, mais *se concevaient*. Cic. *Topic. ch.* 5. Ils appelaient les premiers des *choses*, les secondes des *droits*. Quintil. *liv.* 5, *Inst. orat. ch.* 10. Et c'est par là que ces expressions de Paul, *les servitudes ne sont ni dans les biens, ni hors des biens*, sont interprétées dans Ger. Noodt, *Probab. liv.* 2, *ch.* 3.

(§ 303 *), et *in bonis esse* intelligantur (1).

(1) *L.* 49, *ff. de verb. signif. L. ult. ff. de usufr. legat.*

§ 389. Res *corporales* in MOBILES et IMMOBILES dividuntur. MOBILES sunt, *quæ vel se ipsæ virtute internâ movent, vel salvæ de loco in locum moventur;* IMMOBILES, *quæ citra corruptionem de loco in locum moveri nequeunt, ut res soli, vel quæ immobilium partem constituunt, vel perpetui usûs causâ certo loco sunt destinatæ* (1).

(1) *L.* 13, § *fin. L.* 14, *L.* 15, *L.* 17, *pr. ff. de act. empt. L.* 242, § *ult. ff. de verb. signif.*

§ 390. Proinde obligationes, jura, et actiones, rerum mobilium et immobilium vocabulo non continentur (1).

(1) *L.* 7, § 4, *ff. de pecul. L.* 15, § 2, *ff. de judic. L. unic.* § 7, *Cod. de rei uxor. act. L.* 2, *Cod. de quadrienn. præscript.*

TITULUS III.

De Servitutibus Prædiorum.

§ 391. QUUM res incorporales in jure consistant (§ 386), et talia jura etiam sint SERVITUTES, eæque præterea sint inter jura in re numerandæ (§ 334, III) : de iis agitur titulis sequentibus.

que cependant elles souffrent une quasi-possession (§ 303 *), une quasi-tradition, et qu'on les conçoit comme *étant dans notre patrimoine* (1).

§ 389. Les choses corporelles se divisent en *meubles* et *immeubles*. Les *meubles* sont celles ou *qui se meuvent elles-mêmes par une force intérieure, ou que l'on peut transporter d'un lieu à un autre sans les détériorer*. Les *immeubles* sont celles *qui, sans détérioration, ne peuvent être transportées d'un lieu à l'autre, comme les fonds, ou les choses qui font partie des biens immobiliers, ou qui sont destinées à un certain lieu pour son usage perpétuel* (2).

§ 390. Ainsi les obligations, les droits et les actions ne sont pas contenus dans la dénomination de meubles et d'immeubles (1).

TITRE III.

Des Servitudes d'Héritages.

§ 391. Les choses incorporelles consistant en *droit* (§ 386), et les *servitudes* étant de ces droits là, et devant de plus être comptées au nombre des droits réels (§ 334, 3°), on en va traiter dans les titres suivants.

§ 392. SERVITUS est *jus in re alienâ constitutum, quo dominus in re suâ aliquid pati, vel non facere tenetur, in alterius personæ reive utilitatem* (1). Ergo hîc non servit homo, uti supra (§ 79), sed res, et quidem vel prædio vicino, vel personæ. Prior servitus REALIS vel PRÆDIALIS, posterior PERSONALIS dicitur (2), et huc pertinent USUSFRUCTUS, USUS, HABITATIO, OPERÆ SERVORUM (3). Jam de realibus agendum.

(1) *L.* 15, § 1, *ff. h. t.*—(2) *L.* 1, *ff. h. t. L.* 32, *ff. de usufr.*—(3) *D. L.* 1, *ff. h. t.*

§ 393. Servitus REALIS est, *quando prædium servit prædio* (1). Unde sine prædio servitus non intelligitur (2).

(1) § 3, *Inst. h. t. L.* 1, § 1, *ff. commun. præd.*—(2) *L.* 1, § 1, *ff. commun. præd.*

§ 394. Quum vero prædia vel *soli habitationi* vel *usui œconomico* destinata sint: illa, sive ruri, sive in urbe sita, URBANA; hæc itidem, sine sitûs discrimine, RUSTICA a jureconsultis vocantur (1). Nec interest, ædificia sint, an areæ. Nam et horti ædificiis adjecti urbana prædia vocantur, si non plurimum eo-

(1) § 1, *Inst. h. t. L.* 1, *pr. ff. commun. præd.*

§ 392. Une *servitude* est un *droit établi sur la propriété d'autrui, par lequel le maître est tenu de souffrir ou de ne pas faire une certaine chose sur sa propriété, pour l'utilité d'une autre personne ou d'une autre propriété* (1). Ici ce n'est donc point un homme qui sert, comme ci-dessus (§ 79) mais une chose; et elle sert ou à un héritage voisin, ou à une personne. La première espèce de servitude s'appelle *réelle* ou *prædiale* (appartenant à un héritage); la seconde *personnelle* (2). A la seconde se rapportent, l'*usufruit*, l'*usage*, l'*habitation* et les *services des esclaves* (3). Nous allons parler des servitudes *réelles*.

§ 393. Une servitude est réelle, *lorsqu'un héritage est assujéti à un héritage* (1); c'est pourquoi il n'y a pas de servitude sans héritage (2).

§ 394. Les héritages étant destinés ou à l'*habitation seule*, ou à l'*exploitation*, les premiers s'appellent *urbains*, quelque part qu'ils soient situés, à la ville ou aux champs; de même les seconds se nomment *rustiques* ou *ruraux*, sans distinction du lieu où ils sont situés (1). Et peu importe que ce soient des édifices ou seulement des surfaces; car les jardins joints à une habitation sont nommés héritages rum in reditu sit (1), et villæ dicuntur prædia rustica (2). Unde servitutes a dominante prædio, vel *urbanorum*, vel *rusticorum* prædiorum dicuntur (*a*).

(1) *L.* 198, *ff. de verb. signif.* (2) *L.* 211, *eod.*

§ 395. De omnibus servitutibus observanda axiomata : I. omnem servitutem esse in re alienâ (§ 392), neque rem suam cuiquam servire (1). II. Nullam servitutem in faciendo, sed vel in *patiendo*, vel *in non faciendo* consistere (*b*) (2), III. Omnes servitutes esse individuas (3). IV. Servitutum caussam esse debere perpetuam (4).

(1) *L.* 5, *pr ff. si ususfr. pet.*—(2) *L.* 15, § 1, *ff. de se vit.*—(3) *L.* 2, § 2, *L.* 72, *pr. ff. de verb. oblig.*—(4) *L.* 28 *ff. de servit. præd. urb. L.* 23, § 1, *ff. de servit. rust. præd. L. unic.* § 4, *ff. de font. L.* 2, § 5, *ff. de aq. quotid. L.* 29, *ff. de servit. urb. præd.*

(*a*) Magna olim inter has servitutes differentia; quia, quæ rusticis prædiis hærebant, res mancipî, quæ urbanis, nec mancipî erant (§ 330 *): sed abolitâ hâc distinctione, ipsum quoque servitutum harum discrimen hodie perquam est exiguum.

(*b*) Quæ in *patiendo* consistunt, ADFIRMATIVÆ; quæ in *non faciendo*, NEGATIVÆ adpellantur. Illæ *quasi traduntur;* hæ nec *tradi*, nec *quasi tradi* possunt (§ 339 **).

urbains, s'ils ne sont pas cultivés en majeure partie pour le revenu (1), et les fermes sont appelées *héritages rustiques* (2). Les servitudes se nomment ou *urbaines* ou *rustiques*, à raison de l'héritage dominant (*a*).

§ 395. Sur les servitudes en général, il faut observer les axiômes suivants : 1° toute servitude est sur la chose d'autrui (§ 392), et l'on n'a aucune servitude sur sa propre chose (1); 2° aucune servitude ne consiste à faire; mais seulement *à ne pas faire* ou *à souffrir* (*b*) (2). 3° Toute servitude est indivisible (3). 4° Les servitudes doivent être fondées à perpétuité (4).

(*a*) Il y avait autrefois une grande différence entre ces servitudes; parce que celles qui appartenaient aux héritages rustiques, étaient choses de mancipation; celles qui appartenaient aux héritages urbains, choses de non mancipation (§ 530 *). Cette distinction étant abolie, la différence de ces servitudes est aujourd'hui très-petite.

(*b*) Les servitudes qui consistent *à souffrir*, s'appellent *affirmatives*; celles qui consistent *à ne pas faire*, s'appellent *négatives*. Les premières reçoivent une quasi-tradition; les autres n'admettent ni tradition, ni quasi-tradition (§ 539 **).

§ 396. Quum ergo servitus sit jus in re, et quidem in re alienâ (§ 395): sequitur, I. ut constituatur quidem pactionibus, vel stipulationibus (1); II. ultimis voluntatibus (2); III. præscriptione decem annorum inter præsentes, viginti inter absentes (3) (§ 1225): IV. ipsum tamen jus in re non ex pactione, sed ex quasi traditione ἀμέσως nascatur, si servitus sit adfirmativa (*a*) (§ 339 **) (4); V. ut, si prædium serviens a dominantis domino vel dominans a servientis domino adquiritur, servitus extinguatur (5).

(1) § 4, *Inst. h. t.*—(2) § 4, *Inst. h. t. L.* 16, *ff. comm. præd.*—(3) *L. ult. in fin. Cod. de præscr. long. temp.*—(4) *L. ult. ff. de servit. L.* 1, *in fin. ff. de servit rust. præd. L.* 11; § 1, *ff. de publ. in rem act.*—(5) *L.* 1, *ff. quemadm. servit. amitt.*

397. Quumque vel in patiendo, vel in non faciendo consistat (§ 375 II.): infertur, VI. servientis prædii dominum non teneri ad refi-

---

(*a*) Ergo servitus promissa petitur tantum actione ex stipulatu; legata autem vel actione personali ex testamento, vel reali confessoriâ: jam constituta solâ actione reali confessoriâ. Ratio, cur et reali actione peti possit servitus testamento relicta, jam supra occupata est (§ 339 **), quia videlicet legata, et sine traditione, pleno jure adquiruntur, *L. ult. ff. de serv. leg.*

§ 396. La servitude étant un *droit en la chose*, et même *en la chose d'autrui* (§ 395), il suit 1° qu'elle s'établit par des pactes ou des stipulations (1); 2° par dernière volonté (2); 3° par prescription de dix ans entre présents, et vingt ans entre absents (3) (1225); 4° que cependant le droit même ne naît pas immédiatement de la convention, mais de la *quasi-tradition*, si la servitude est affirmative (*a*) (§ 339 **) (4); 5° que si l'héritage servant est acquis par le maître de l'héritage dominant, ou l'héritage dominant par le maître de l'héritage servant, la servitude s'éteint (5).

§ 397. Et comme une servitude consiste ou à souffrir ou à ne pas faire (§ 395 2°), il suit, 6° que le maître de l'héritage servant

---

(*a*) Ainsi une servitude promise se demande seulement par l'action de la stipulation; une servitude léguée, ou par action personnelle en vertu du testament, ou par l'action réelle confessoire; la servitude déja établie, par l'action confessoire, seulement. La raison pour laquelle une servitude laissée par testament peut être demandée aussi par l'action réelle confessoire, a déjà été indiquée (§ 339 **) : c'est que les legs sont acquis de plein droit et même sans tradition, *L. ult. ff. de serv. leg.*

ciendum id quo prædium suum idoneum sit præstandæ servituti (1).

(1) *L.* 15, § 1, *ff. de servit.*

§ 398. Denique quum omnes servitutes sint individuæ (§ 395 III.), consequens est, ut nec per partes constitui, nec acquiri possint (1), quamvis hæc non impediant, quominus modus servituti adjici queat (2).

(1) *L.* 8, § 1, *L.* 9, *L.* 11, § 1, *L.* 17. *ff. de servit.*— (2) *L.* 4, § 1, *ff. eod.*

§ 399. Servitutes prædiorum urbanorum (§ 394) variæ sunt, veluti *oneris ferendi; tigni immittendi; projiciendi; protegendi; stillicidii vel fluminis recipiendi, vel non recipiendi; altius tollendi, vel non tollendi; luminum, et ne luminibus officiatur; prospectûs, et ne prospectui officiatur* (1).

(1) *L.* 2, *L.* 3, *L.* 4, *ff. de serv. præd. urb.* § 1, *Inst. h. t.*

§ 400. Oneris ferendi servitus in eo consistit, *quod columna vicini vel ejusdem paries onus ædium nostrarum sustinere tenetur* (1).

(1) § 1, *Inst. h. t. L.* 33, *ff. de servit. urb. præd.*

§ 401. Quum ergo servitus in faciendo non consistat (§ 395 II.), nec serviens ad refectionem ordinarie teneatur (§ 397 VI.) : facile patet, dominantem et hîc ordinarie parietem, n'est pas tenu de remettre son héritage en état de supporter la servitude (1).

§ 398. Enfin, comme toutes les servitudes sont indivisibles (§ 395 3°), il suit qu'elles ne peuvent être établies ni acquises pour partie (1) quoique cela n'empêche pas que l'on ne puisse modifier la servitude (2).

§ 399. Les *servitudes des héritages urbains* (§ 394) sont de différentes espèces, telles que celles de *faire porter une charge, d'appuyer sa poutre, d'avancer son bâtiment ou son toit; le droit de recevoir, ou celui de ne pas recevoir soit l'égout du toit, soit un ruisseau; le droit du bâtiment qu'on peut élever ou ne pas élever; le droit de lumière, et celui d'empêcher qu'on ne nuise à notre lumière; le droit de vue, et celui d'empêcher qu'on ne nuise à notre vue* (1).

§ 400. La servitude de *faire porter une charge*, consiste en ce que *le pilier du voisin ou sa muraille doit porter le poids de notre maison* (1)

§ 401. Et comme une servitude ne consiste pas à faire (§ 395 2°), et qu'ordinairement le servant n'est tenu à rien réparer (§ 397 6°), il est clair que le dominant est tenu, dans la vel columnam vicini, cui ædes suæ incumbunt, reficere debere (1), adeoque non esse, cur hic statuamus servitutem anomalam (*a*).

(1) *L.* 6, § 2, *ff. si servit. vindic.*

§ 402. Tigni immittendi servitus *est jus, quo vicinus pati cogitur, ut vicini tignum, suo parieti immissum, in eo requiescat* (1).

(1) *L.* 20, *ff. de servit. urb. præd. L.* 242, § 1, *ff. de verb. signif.*

§ 403. Projiciendi servitus est *jus in prædio vicini, ut tignum nostrum super fundum*

(*a*) Equidem lis fuit inter veteres, sed non de quæstione, an prædii servientis dominus columnam reficere teneatur, sed an ejusmodi pactum iniri possit, ut reficiat? Negabat id Aquilius Gallus, quia id contra naturam servitutum esse videbatur : sed affirmabat Servius, cujus sententia prævaluit, ita explicata à Labeone, ut quia non homo, sed res serviat, licere dixerit domino columnam derelinquere, *L.* 6, § 2, *ff. si serv. vind.* Et de ejus modi pactione manifeste loquitur Paullus, *L.* 33, *ff. de serv. præd. urban*, quia alter ab altero fuerat stipulatus; *paries oneri ferundo, uti nunc est, ita sit.* Si quis tibi itaque hoc modo non fuisset stipulatus, non servientis, sed dominantis prædii dominus reficere parietem procul dubio tenebatur.

règle générale, à rétablir le pilier ou la muraille du voisin, sur laquelle sa maison repose (1); et qu'ainsi il n'y a pas lieu d'établir ici une servitude irrégulière (*a*).

§ 402. La servitude d'*appuyer sa poutre*, est *un droit par lequel le voisin est forcé de souffrir que la poutre du voisin, mise dans son mur, y reste posée* (1).

§ 403. La servitude d'*avancer son bâtiment*, est *un droit sur le terrain du voisin, à l'effet*

(*a*) Il est vrai qu'il y a eu discussion chez les anciens; non pas sur la question de savoir si le maître de l'héritage servant est tenu de réparer le pilier; mais seulement si l'on pouvait convenir que le servant réparerait. Aquilius Gallus pensait que non; parce que cela était contre la nature des servitudes. Mais Servius pensait qu'oui; son avis a prévalu, et Labeon l'explique en disant que, comme ce n'est pas l'homme qui sert, mais la chose; il est permis à l'homme d'abandonner sa chose, *L.* 6, § 2, *ff. si serv. vind.* Et c'est évidemment d'une semblable convention que parle Paul dans la *L.* 33, *ff. de servit. præd. urb.*, parce qu'une personne avait fait avec l'autre cette convention : *votre muraille restera telle qu'elle est pour porter ma maison.* Si donc pareille stipulation n'avait pas été interposée, ce n'était pas le maître de l'héritage servant, mais bien le maître de l'héritage dominant, qui, sans aucun doute, était tenu de refaire la muraille.

suum provehi patiatur, quanquam in nullâ parte fundi requiescat (*a*) (1). PROTEGENDI servitus *jus, protectum super alienum solum habendi* (2).

(1) *L.* 242, § 1, *ff. de verb. signif.* — (2) *L.* 2, *ff. de servit. urb. præd.*

§ 404. STILLICIDII vel FLUMINIS RECIPIENDI servitus est jus, *quo vicinum prædium tenetur recipere stillicidium vel flumen nostrum in tectum vel aream suam* (1). NON RECIPIENDI, jus *quo vicinus stillicidium vel flumen ex ædibus suis in aream vel tectum vicini avertere prohibetur, quum id per statutum liceat* (2). Quamvis et ita definiri possit, quod sit jus, quo *quis stillicidium vel flumen suum in suam aream recipere non potest, sed in*

(1) *L.* 2, *ff. de servit. urb. præd* — (2) Ita Vinnius, *ad* § 1, *Inst. h. t.* Huber. *prælect. ad Inst. h. t.* § 9.

(*a*) Talia *mœniana* et *suggrundia*. *Mœniana* erant projecta, spectandi caussâ facta, in quibus insisterent spectatores. Quæ utrum a Mœnio censore, an a juvene ejus nominis prodigo dicta sint, non adeo expeditum. Vide Fest. *hâc voce*, et Isid. *Orig.* 15. Reliqua projecta, quæ vel in tectis, vel in quâcumque ædium parte, vel prospiciendi, vel stillicidii avertendi caussâ fiunt, a suggrediendo *suggrundia* vocantur. Vitruv. *lib.* 2, *cap.* 9, *lib.* 4, *cap.* 2.

qu'il laisse notre poutre ou une partie de notre bâtiment s'avancer sur son terrain, quoiqu'il ne porte nullement dessus (*a*) (1). La servitude *d'avancer son toit*, est *le droit de faire avancer son toit sur le terrain d'autrui* (2).

§ 404. La servitude de *recevoir l'égout du toit, ou un ruisseau*, est *un droit par lequel l'héritage voisin est tenu de recevoir l'égout de notre toit* ou *notre ruisseau sur son toit* ou *sur son terrain* (1). La servitude *de ne pas recevoir l'égout du toit* ou *le ruisseau*, est *le droit par lequel le voisin est empêché de diriger l'égout de son toit* ou *son ruisseau sur le toit ou le sol de son voisin, dans le cas où cela lui serait permis par les statuts de l'endroit* (2); quoique l'on puisse le définir, *le droit par lequel quelqu'un ne peut pas recevoir l'égout de*

(*a*) Tels sont les avancements qu'on appelle *mœniana* et *suggrundia*. On nommait *mœniana* des saillies faites pour voir en dehors, et sur lesquelles se tenaient les spectateurs. On ne sait si ce nom leur vient de Mœnius censeur, ou d'un jeune prodigue ainsi appelé. Voyez Festus sur ce mot, et Isidore *Orig.* 15. Les autres saillies pratiquées, ou sur les toits, ou à toute autre partie de l'édifice, soit pour voir au loin, soit pour détourner l'eau de pluie, ont été appelées *suggrundia*, du verbe *suggrundire*. Vitruv. *liv.* 2, *ch.* 9, *liv.* 4, *ch.* 2.

nostram avertere, et aquam pluviam nostris usibus relinquere tenetur (1) (§ 145). Differunt vero FLUMEN et STILLICIDIUM, quod per illud aqua pluvia in canales collecta continuo ruit; per hoc stillatim ex tecto cadit (2).

(1) *Pandect. nostr. p.* 2. — (2) Varro, *de lingu. lat. lib.* 4, *cap.* 5.

§ 405. Servitus ALTIUS NON TOLLENDI est *jus, quo vicinus in commodum vicinarum ædium suas altius tollere prohibetur* (1). Servitus ALTIUS TOLLENDI, est *jus quo quis pati cogitur, ut vicinus ædes suas altius tollat, quam per statutum licet* (*a*) (2). Unde ponendum, extare

(1) *L.* 2 *ff. de serv. urb. præd.* § 1, *Inst. h. t.* — (2) § 2, *Inst. de act.*

(*a*) Elegans quidem est conjectura A. A. Pagenstecheri, in *Sicilim. Manip.* 3, *pag.* 70, servitutem altius tollendi fuisse constitutam, quoties vicinus a vicino sibi stipularetur jus contignationem imponendi ejus ædibus. Cujusmodi quid aliquando factum esse, ex *L.* 2, *pr. ff. de serv. rust. præd.* et *L.* 24, *ff. de serv. urb. præd.*, colligit. Sed et hanc conjecturam, ut fere reliquas doctorum explicationes, incommoda haud levia premunt. Nam I. dominus prædii dominantis tunc confessoriam actionem instituere non potuisset hâc formulâ :

son toit ou son ruisseau sur son terrain, mais est tenu de le tourner sur le nôtre, et de laisser l'eau de pluie à notre usage (1) (§ 145). Il y a cette différence entre le ruisseau et l'égout du toit, que par le ruisseau, l'eau de pluie recueillie dans les gouttières tombe de suite, et que par l'égout elle tombe goutte à goutte (2).

§ 405. La servitude *de ne pas élever plus haut*, est *un droit par lequel le voisin est tenu, pour l'avantage de la maison voisine, de ne pas élever son bâtiment au-delà d'une certaine hauteur* (1). La servitude *d'élever plus haut* est *un droit par lequel quelqu'un est tenu de souffrir que le voisin élève son bâtiment plus haut que les statuts ne le permettent* (a) (2); ainsi il faut supposer qu'il existe un statut par

---

(a) La conjecture de Pagenstecher, *Sicilim. Manip.* 5, *pag.* 70, est ingénieuse. Il dit que la servitude d'élever plus haut, était établie toutes les fois que l'on stipulait de son voisin le droit d'élever un étage sur le bâtiment du voisin; et il trouve quelque chose de pareil dans la loi 2, *pr. ff. de serv. rust. præd.* et la *L.* 24, *ff. de serv. urb. præd.* Mais cette explication, comme celle des autres docteurs, a de graves inconvénients : car 1° le maître de l'héritage dominant n'aurait pas pu intenter l'action confessoire suivant cette formule : *Je dis que j'ai le droit d'élever plus haut* ma *mai-*

statutum, quo vicinus, inconsulto vicino, ultra modum lege definitum ædificare nequeat (1).

(1) *L.* 12, § 1, *Cod. de ædif. privat.*

§ 406. LUMINUM servitus est *jus cogendi vicinum, ut fenestras nostras in suo vel communi pariete excipiat* (1). NE LUMINIBUS OFFICIATUR servitus, est *jus prohibendi vicinum, quominus quidquam in suo ad minuenda vel obscuranda lumina nostra facere possit* (2).

(1) *L.* 4, *L.* 40, *ff. de servit. urb. præd.*—(2) *L.* 4, *L.* 15, *L.* 17, *pr.* § 1, *L.* 23, *ff. eod.*

§ 407. Servitus PROSPECTUS est *jus in prædium vicini prospiciendi* (1). Servitus NE PROSPECTUI OFFICIATUR (*a*) jus *prohibendi vicinum,*

(1) *L.* 12, *L.* 16, *ff. eod.*

Aio mihi jus esse ædes MEAS *altius tollendi*, § 2, *Inst. de act.* II. Servitus altius tollendi hoc modo non discreparet a servitute oneris. Denique III. ex *L.* 1, *pr. ff. de serv. urb. præd.* constat, *si intercedat solum publicum, vel via publica, neque itineris, actûsve, neque* ALTIUS TOLLENDI *servitutes impediri.* Cui usui vero quis alienis ædibus imponeret contignationem, ad quam ex suis ædibus accessus haud pateret? Fateor tamen, non multo minoribus incommodis hanc, quam nos sequuti sumus, Jo. Fabri, Donelli, Duareni, Corasii, Vinnii aliorumque sententiam premi.

(*a*) Unde hujusmodi constitutâ servitute, ne

lequel le voisin ne pourrait, sans le consentement de son voisin, élever son bâtiment au-dessus de la hauteur fixée par la loi (1).

§ 406. La servitude *de lumière* est *le droit de contraindre le voisin à recevoir l'ouverture de nos fenêtres dans son mur* ou *dans le mur mitoyen* (1). La servitude *de ne point s'opposer à la lumière*, est *le droit d'empêcher le voisin de rien faire qui diminue ou obscurcisse notre jour* (2).

§ 407. La servitude *de vue* est *le droit d'étendre la vue sur le terrain du voisin* (1). La servitude *de ne pas borner la vüe* (*a*), est

---

son, § 2, *Inst. de act.*; 2° la servitude d'élever son bâtiment ainsi conçue, ne différerait pas de la servitude de porter une charge. Enfin, 3° d'après la loi 1, *pr. ff. de serv. urb. præd.*, il est certain que *s'il y a entre les deux héritages un terrain public, ou un chemin public, cela n'empêche pas les servitudes de sentier, de chemin, ni celle* d'élever plus haut un bâtiment; or, à quoi bon éleverait-on sur la maison d'un autre un étage auquel on n'aurait de la sienne aucun accès? J'avoue qu'il y a des objections presqu'aussi fortes contre l'opinion que nous avons suivie, qui est celle de Jean Faber, de Donellus, Duaren, Cujas, Vinnius et autres.

(*a*) Ainsi lorsque cette servitude est établie, le

quominus quidquam ad impediendum hunc prospectum facere possit (1).

(1) *L.* 3, *L.* 15, *ff. de serv. urb. præd.*

§ 408. RUSTICORUM PRÆDIORUM servitutes denuo sunt variæ, ut *iter, actus, via, aquæductus*, et similes. ITER est *jus eundi, ambulandi homini : non etiam jumentum agendi vel vehiculum* (1). ACTUS est *jus agendi jumentum, vel vehiculum* (*a*) (2). VIA est *jus vehundi, agendi, et ambulandi* (3).

(1) *L.* 1, *pr. ff. de servit. rust. præd. Pr. Inst. h. t.* — (2) *L.* 1, *pr. ff. eod. Pr. Inst. h. t.* — (3) *D. L.* 1, *pr. ff. de servit. præd. rust.*

§ 409. Sed quum paullo obscuriores viderentur hæ definitiones : alios has servitutes ex spatio æstimâsse arbitror (1); *via* nimirum ex Legibus XII Tabularum erat jus ea agendi, vehundi, ferendique, quæ intra spatium octo

(1) *L.* 13, *ff. de servit.*

---

quidem viridarium supra ædes habere potest vicinus, quod tamen potest in servitute altius non tollendi, *L.* 12, *ff. eod.*

(*a*) Ast quale? Sic sane non differet actus a viâ. At rem expedivit Bynkersh. *Obs. lib.* 4, *cap.* 7, *pag.* 364; ad totum hunc § intelligendum hic omnino conferendus.

le droit d'empêcher le voisin de rien faire qui puisse empêcher d'étendre la vue (1).

§ 408. Les servitudes *des héritages rustiques* sont de différentes espèces, comme le sentier, le chemin, la voie, la conduite d'eau et autres semblables. Le *sentier* est *le droit de marcher, d'aller et venir pour un homme, mais non pas de conduire une bête de somme ou un chariot* (1). Le *chemin* est *le droit de faire passer une bête de somme ou un chariot* (*a*) (2). La *voie* est *le droit de faire passer des voitures, des troupeaux, ainsi que d'aller et venir* (3).

§ 409. Mais comme ces définitions paraissent un peu trop obscures, d'autres ont, je crois, distingué ces servitudes par l'espace (1). La *voie*, selon la loi des Douze Tables, était le droit de faire, de conduire, de voiturer, et de porter, autant que cela se pouvait, dans un espace de

---

voisin ne peut point avoir d'arbres au-dessus de sa maison, ce qui cependant se pourrait dans la servitude de ne pas élever plus haut, *L.* 12, *ff. eod.*

(*a*) Mais quelle espèce de chariot? car de cette manière il n'y a point de différence entre le chemin et la voie. Voyez Bynkershoek, *Obs. liv.* 4, *ch.* 7, *pag.* 364; auteur qu'il faut lire avec soin pour entendre tout ce paragraphe.

pedes in porrectum, sedecim in anfractum extensum fieri possent (1). Eodem modo *actus* quatuor pedum in latitudine esse solebat (2), iter forsan duorum.

(1) *L.* 1, *ff. de servit. præd. rust.*—(2) Varr. *de lingu. lat. lib.* 4, *cap.* 4.

§ 410. Inde vero facile intelligitur, cur I. qui actum habet, et iter habeat (*a*), curque II. via actum et iter complecti videatur (1).

(1) *L.* 1, *pr. ff. de servit. rust. præd.*

§ 411. Servitus AQUÆDUCTUS est *jus aquam ducendi per fundum alienum.* Quumque eodem modo constitui possit jus aquam hauriendi ex fonte alieno (non tamen ex citernâ ob axioma 4, § 395) (1); pecus ad alterius rivum aquandi caussâ adducendi, idve pascendi in alterius pascuis; lapides, arenas, cretam, pedamenta, ex alieno fundo sumendi : facile patet, esse etiam servitutes AQUÆHAUSTUS, PECORIS AD AQUAM ADPULSUS, JUS PASCENDI, CALCIS COQUENDÆ, ARENÆ FODIENDÆ, CRETÆ EXIMENDÆ, et similes, quæ tamen, si hujus modi jus personæ, non prædio, conceditur, etiam personales esse possunt (§ 392) (2).

(1) *L. unic.* § 4, *ff. de font.*—(2) *L.* 14, § *ult. ff. de alim. legat.*

(*a*) In pactionibus tamen utramque servitutem distincte exprimi consuevisse, patet ex marmore, apud Gruter. *Inscr. pag.* 201, 3.

huit pieds en droite ligne, et de seize dans les détours (1). D'après la même règle, le chemin avait ordinairement quatre pieds de large (2); le sentier, peut-être deux.

§ 410. D'après cela on comprend facilement pourquoi, 1° celui qui a le *chemin* a aussi le *sentier* (*a*); pourquoi 2° la *voie* paraît renfermer le chemin et le sentier (1).

§ 411. La servitude d'*aqueduc* est *le droit de conduire de l'eau par le terrain d'autrui*. Et comme on peut de la même manière établir le droit de puiser de l'eau à la source d'autrui (et non pas à une citerne, selon l'axiôme 4, du § 395) (1). Le droit de mener boire son troupeau au ruisseau, ou de le faire paître sur le pré d'autrui, le droit de prendre dans l'héritage d'un autre des pierres, du sable, de la craie, des échalas; on voit aussi qu'il y aura les servitudes *de puisage, d'abreuvage, le droit de pacage*; celui *de faire de la chaux, de fouiller du sable, de tirer de la craie*, et autres semblables; et cependant ces mêmes servitudes, si le droit en était accordé non à un héritage, mais à une personne, pourraient aussi être personnelles (2).

(*a*) Il paraît cependant que dans les conventions ces deux servitudes s'exprimaient séparément, comme on le voit par un marbre dans Gruter, *Inscr. pag.* 201, 5.

§ 412. Quin et multæ aliæ servitutes rusticorum prædiorum, pro diversâ rei rusticæ indole, et fingi et constitui possunt, quarum nom meminit jus romanum.

§ 413 Quia eodem fere modo, quo res constituitur, eodem solvi et finiri solet (1); finitur servitus, I. CONSOLIDATIONE (§ 396, V.) (2): II. REMISSIONE (3), quia, uti pactis et stipulationibus constituitur (§ 396, I.), ita iisdem solvitur. Quin sufficit remissio tacita, quando quid fieri conceditur, quod usum servitutis impedit (4). III. NON UTENDO per decem annos inter præsentes, vel viginti inter absentes (*a*) (5). Ejusdem enim temporis præ-

(1) *L.* 35, *ff. de reg. jur.*—(2) *L.* 1, *ff. quemadm. servit. amitt. L.* 8, § 1, *ff. h. t.* — (3) *L.* 14, § 1, *ff. de servit.* — (4) *L.* 8, *pr. ff. quemadm. servit. amitt.* —(5) *L.* 18, § 1, *ff. eod.*

(*a*) In servitutibus prædiorum rusticorum solus ille non-usus jus domini prædii dominantis extinguit. In urbanorum prædiorum servitutibus ille non-usus non sufficit, nisi servientis prædii dominus simul usucceperit libertatem, *L.* 6, 7, *ff. de serv. præd. urb.*, id est, factum servituti constitutæ contrarium continuo exercuerit, veluti foramina, quibus immissa fuerant tigna, obturando, obturataque per legititimum tempus habendo, *d. L.* 6. Rationem jam reddidit Ulr. Huber. *Prælect. ff. lib.* 8, *tit.* 6, § 6.

§ 412. Il y a même beaucoup d'autres servitudes rurales, que l'on peut imaginer et établir selon la nature des diverses exploitations, et dont le Droit romain ne parle pas.

§ 413. Comme une chose finit ordinairement par les mêmes moyens qui l'établissent (1), la servitude s'éteint 1° par la *consolidation* (§ 396, 5°) (2); 2° par la *remise* (3), car puisqu'elle s'établit par des conventions (§ 396, 1°), elle peut finir de même. Bien plus, il suffit d'une remise tacite quand on laisse faire quelque chose qui empêche l'usage de la servitude (4); 3° par le *non-usage* pendant dix ans entre présents, et vingt ans entre absents (*a*) (5); car elle s'établit par le même

---

(*a*) Dans les servitudes des héritages rustiques, le seul non-usage éteint le droit de l'héritage dominant. Dans les servitudes des héritages urbains, ce non-usage ne suffit pas; à moins qu'en même temps le maître de l'héritage servant n'ait prescrit la liberté, *L.* 6, 7, *ff. de serv. præd. urb.*, c'est-à-dire qu'il n'ait exercé sans interruption un acte contraire à la servitude, par exemple, en bouchant les trous par lesquels passaient les poutres du voisin et en les gardant bouchés pendant le temps requis par la loi. *d. L.* 6. Ulr. Huber, *Prælect. ff. liv.* 8, *tit.* 6, § 6, en a déjà dit la raison.

scriptione constituitur (§ 396; III.). IV. Interitu prædii alterutrius (1), sine quo quippe jus prædii non intelligitur (§ 393), quamvis restituto prædio et servitus reviviscat (2).

(1) *L.* 14, *ff. quemad. serv. amitt.* — (2) *L.* 20, § 2, *ff. de servit. præd. urb.*

TITULUS IV.

De Usufructu.

§ 414. Hactenus de servitutibus prædialibus, in quibus prædium servit prædio. His opponuntur personales, *quando prædium servit personæ* (§ 392) : quarum prima est ususfructus (§ *eod.*).

§ 415. Uti et frui ita differunt, ut *usus* necessitate circumscribatur; *fruitio* non modo ad utilitatem, verum etiam ad voluptatem pertineat. (1) Usus vero et abusus ita differunt, ut *utamur* salvâ rei substantiâ; *abutamur* disperdendo rem et fructum (2).

(1) Senec. *de vit. beat. cap.* 10. — (2) Donat. *ad* Terent. *andr. prolog.* Vid. Ger. Noodt, *de usufr.*, *lib.* 1, *cap.* 1.

§ 416. Ex quibus intelligitur definitio Paulli: ususfructus est *jus rebus alienis utendi, fruendi, salvâ earum substantiâ* (1). *Jus* illud est

(1) *L.* 1, *ff. de usufr.*

laps de temps (396, 3°); 4° par l'*anéantissement d'un des deux héritages* (1), à défaut desquels on ne connaît plus de droit d'héritage (§ 393), quoique l'héritage venant à être rétabli, la servitude revive (2).

TITRE IV.

De l'Usufruit.

§ 414. Jusqu'ici nous avons parlé des *servitudes d'héritages,* par lesquels un héritage est soumis à un autre héritage. A ces servitudes on oppose les *servitudes personnelles*, *quand un héritage est asservi à une personne*; au premier rang est l'*usufruit* (§ 392).

§ 415. *Usage* et *jouissance* diffèrent, en ce que l'*usage* est circonscrit par la nécessité; la *jouissance* renferme l'utilité et en même temps l'agrément (1). *Usage* et *abus* diffèrent en ce que l'*usage* conserve la substance; l'*abus* fait perdre et les fruits et la chose (2).

§ 416. Ceci explique la définition de Paul: *L'usufruit*, dit-il, *est le droit d'user et de jouir de la chose d'autrui, sans en altérer la substance* (1). L'*usufruit* est un droit pour l'usuratione usufructuarii, *servitus* ratione proprietarii. Deinde est jus *in rebus alienis* (§ 395, I.), neque enim hic intelligitur jus propriis rebus utendi fruendi, quod vocant *usumfructum caussalem* (1). *Salvâ* vero *rerum substantiâ* utendum fruendum est, quia alioquin non esset ususfructus, sed abusus (§ 415).

(1) *L.* 21, § 3, *ff. de except. rei judic.*

§ 417. Ex ipsâ ergo vocabuli notione (§ 395), consequitur, I. ut usufructuarius omnes fructus, civiles et naturales, sive ad necessitatem, sive ad voluptatem pertinentes percipiat (1); attamen II. non nisi ordinarios. Unde nec thesaurum capit (2), nec partum ancillæ (3); quia absonum videbatur, hominem in fructu esse, cujus caussâ natura omnes fructus comparavit (*a*) (4). III. Ut rem fructuariam possit locare, immo et fructus, non autem ipsum jus

(1) *L.* 7, *pr. L.* 9, *pr. et* § 7, *L.* 10, *L.* 2, § 1, *L.* 29, *L.* 59, § 1, *ff. h. t.* — (2) *L.* 17, § 12, *ff. solut. matr.* — — (3) *L.* 68, *pr. ff. de usufr. L.* 28, § 1, *ff. de usur.* — (4) § 37, *Inst. de rer. div.*

(*a*) Ratio hæc plane stoica est. Ex hypothesi enim Stoicorum omnia hominum caussâ comparaverat natura. Cic. *de offic. lib.* 1, *cap.* 6, *de nat. deor. lib.* 2, *cap.* 62, *seq. de fin. lib.* 3, *cap.* 20. Sed propior ratio est in *L.* 27, *pr. ff. de hered. petit.*

fruitier, et une servitude pour le propriétaire. Ensuite c'est un droit sur la chose d'autrui (§ 395, 1°); car il ne s'agit pas ici du droit de jouir de sa propre chose, droit que l'on appelle *usufruit causal* (1). Enfin il faut jouir sans altérer la substance; autrement il n'y aurait point usufruit, mais abus (§ 415).

§ 417. Ainsi, de l'intelligence même du mot (§ 395), il suit, 1° que l'usufruitier perçoit tous les fruits civils et naturels, soit pour ses besoins, soit pour son agrément (1); mais cependant 2° qu'il ne perçoit ainsi que les fruits ordinaires, et que par conséquent il ne profite pas du trésor (2), ni de l'enfant d'une esclave (3); parce qu'il a paru déraisonnable que l'homme fût au nombre des fruits, lui pour qui la nature avait créé tous les fruits (*a*) (4); 3° qu'il peut louer la chose dont il a l'usufruit, et même les

---

(*a*) Cette raison est purement stoïque; car suivant l'hypothèse des stoïciens, la nature avait tout créé pour l'homme, Cicéron, *de Offic. liv.* 1, *ch.* 6, *de nat. deor. liv.* 2, *ch.* 62 *et suiv. de fin. liv.* 3, *ch.* 20. Mais on trouve une raison plus exacte dans la *L.* 27, *pr. ff. de hered. petit.*

suum, vel usumfructum ita vendere extraneo, ut cedat, et jus in re transferat. Eatenus enim nihil agitur (1).

(1) § 3, *Inst. de usufr.* unde non obstant *L.* 66, *ff. de jur. dot. L.* 12, § 2, *ff. de usufr.* § 1, *Inst. de us. et habit.*

§ 418. Deinde, quia utendum fruendum salvâ rerum substantiâ (§ 416), sequitur, IV. ut usufructuarius rem ne in formam quidem meliorem transmutare possit (1). V. Ut eadem reficere teneatur (2). VI. Ut tanquam bonus pater familias uti frui (3); VII. eoque nomine et de restitutione futurâ, nisi ususfructus lege constitutus sit, cautionem præstare debeat (4), quam cautionem heres, non ipse testator, remittere potest (5).

(1) *L.* 13, § *penult. L.* 44, *ff. h. t.* — (2) *L.* 7, § 2 et 3. *L.* 64, *ff. eod.* — (3) § 38, *Inst. de rer. divis.* — (4) *L.* 1, *ff. usufr. quemadm. cav. L. ult.* § 4, *Cod. de bon. quæ lib.* — (5) *L.* 7 *ad Leg. Falcid. L.* 1, *Cod. h. t.*

§ 419. Ex eodem axiomate fluit, VIII. usumfructum consistere non posse in rebus fungibilibus, quæ numero, pondere et mensurâ constant, quia non abutendum, sed utendum fruendum est (§ 416). Ast senatusconsulto sub Tiberio, ut videtur, cautum ut et pecuniæ, aliarumque quantitatum (*a*) non quidem *verus*

(*a*) An et vestium? Harum verus ususfructus esse dicitur, *L.* 15, § 4, *ff. h. t.*, quasi-ususfructus, fruits; mais quant à son droit, ou l'usufruit, il ne peut pas le vendre à un étranger, de manière à lui céder et transporter le droit en la chose : car en ce point le contrat serait nul (1).

§ 418. Enfin, de ce qu'il faut jouir sans altérer la substance (§ 416), il suit, 4° que l'usufruitier ne peut pas changer la chose, même pour lui donner une meilleure forme (1); 5° qu'il est tenu de la réparer (2); 6° qu'il doit jouir en bon père de famille (3); 7° et qu'à ce titre, il doit donner caution pour assurer sa restitution, à moins que l'usufruit ne soit établi par la loi (4); et cette caution peut être remise par l'héritier, mais non par le testateur (5).

§ 419. Du même axiôme il suit, 8° que l'usufruit ne peut pas être établi sur des choses fongibles, qui consistent en nombre, poids et mesure, parce qu'il ne faut pas abuser, mais user (§ 416). Cependant, par un sénatus-consulte fait, à ce qu'il paraît, sous *Tibère*, il a été déclaré que sur l'argent et les autres quantités (*a*), on aurait non pas un *véritable*

(*a*) Que dire des vêtements? On peut sur eux établir un véritable usufruit, dit la loi 15, § 4, *ff.*

sed QUASI-USUSFRUCTUS esset, dum caveret quasi-usufructuarius, se mortuo, vel capite minuto, rem ejusdem generis, quantitatis et qualitatis restitutum iri (1).

(1) § 2, *Inst. de usufr. L.* 7, *L.* 8, *ff. de usufr. ear. rer. quæ usu consum.* Galv. *de usuf. cap.* 3. Ger. Noodt. *de usuf. lib.* 1, *cap.* 20.

§ 420. Quia denique utitur fruitur rebus alienis (§ 416), consequens est, IX. ut eumdem et incommoda sequantur, qui percipit commoda, adeoque usufructuarius onera et tributa, quæ rei imponuntur, sustineat (1).

(1) *L.* 7, § 2, *ff. de usufr.*

§ 421. Constituitur autem usufructus, vel I. LEGE, veluti patri in peculio adventitio filiifamilias (*a*) (1), conjugi ad secundas nuptias

(1) *L.* 6, *Cod. de bon. quæ lib.*

---

§ 2, *Inst. h. t.* Sed videtur utrumque verum, prout testator vestibus vel æstimatis vel non æstimatis uti voluit legatarium.

(*a*) Immo etiam in emancipati bonis pater dimidium ususfructûs, tanquam præmium emancipationis, capit ex *L.* 6, § 3, *C. de bon. quæ liberis*, § 2, *Inst. per quas pers.* Sed id quidem hodie fit rarius, ob ea, quæ diximus § 199. Contra moribus hodie receptum, ut plurimis locis maritus gaudeat *usufruit*, mais un *quasi-usufruit*, pourvu que le *quasi-usufruitier* donnât caution que lorsqu'il viendrait à mourir ou à subir un changement d'état, il rendrait une chose de même genre, quantité et qualité (1).

§ 420. Enfin, puisque l'usufruitier jouit de la chose d'autrui (§ 418), il suit 9° que celui qui perçoit l'émolument, supporte aussi les charges, et que par conséquent l'usufruitier est tenu des charges et tributs imposés sur la chose (1).

§ 421. L'usufruit est donné ou 1° *par la loi*, par exemple, au père sur le pécule adventif du fils de famille (*a*) (1); à l'époux qui passe en secondes noces, sur les biens pro-

---

h. t., un quasi-usufruit, selon le § 2, *Inst. h. t.*; mais l'une et l'autre dénomination paraissent justes, selon que le testateur aura voulu que le légataire se servît d'habits estimés ou non estimés.

(*a*) Bien plus, le père a la moitié en usufruit sur les biens mêmes de l'émancipé, comme prix de l'émancipation, d'après la *L.* 6, § 3, *C. de bon. quæ liberis*, § 2, *Inst. per quas pers.*; mais aujourd'hui cela se fait plus rarement, à cause de ce que nous avons dit § 199. Au contraire, aujourd'hui il est reçu dans nos mœurs qu'en beaucoup transeunti in bonis ex liberalitate conjugis defuncti acceptis (1). Vel II. a JUDICE in judiciis divisoriis, quod tamen rarius fieri oportet (2). III. Vel a DOMINO sive per ultimam voluntatem, sive per pactiones et stipulationes, accedente quasi-traditione (339 **) (3), sive per voluntatem tacitam, quæ ex longi temporis præscriptione colligitur (4).

(1) *L.* 3, *L.* 5, *Auth. seq. Cod. de secund. nupt.*—(2) *L.* 6, § 1, *ff. h. t. L.* 6, § 10, *ff. commun. divid. L.* 16, § 1, *ff. famil. ercisc.*—(3) *L.* 11, *ff. de serv. præd. rust.*—(4) *L. ult. in fin. C. de long. temp. præscr.*

§ 422. Quum autem in usufructu prædium serviat personæ (§ 414) : sequitur, I. ut illud jus extinguatur morte usufructuarii naturali (1), vel, si civitati datum, elapsis C. annis (2). II. Ut, quia capitis deminutio maxima et media morti comparatur (§ 225), eâdem et ususfructus perimatur (*a*) (3).

(1) § 3, *Inst. h. t.*—(2) *L.* 56, *ff. h. t.*—(3) § 3, *Inst. de usufr. L.* 16, *pr.* § 1, *seq. Cod. de usufr.*

---

usufructu in bonis paraphernalibus uxoris, secus ac jure romano : quamvis id vulgo probare velint ex *L.* 9, § 5, *ff. de jur. dot. et L.* 11, *C. de pact. convent.*

(*a*) Olim etiam minimâ, uti auctor est Paull. *Sent. rec. lib.* 3, *tit.* 6, § 29. Sed id sustulit Justinianus, *d. L. pen. C. h. t.* Conf. § 1, *Inst. de* venus de la libéralité de l'époux prédécédé(1); ou 2° *par le juge*, dans les jugements de partage, ce qui cependant doit être rare (2); ou 3° *par le propriétaire*, soit dans un acte de dernière volonté, soit dans des pactes, et stipulations, lorsqu'on y joint la quasi-tradition (§ 339, **) (3), soit par une volonté tacite (qui se présume après la prescription de longues années (4).

§ 422. Et, comme dans l'usufruit, l'héritage est soumis à la personne (§ 414), il suit 1° que ce droit s'éteint à la mort naturelle de l'usufruitier (1), et au bout de cent ans, s'il est donné à une commune (2). Que comme le grand et le moyen changement d'état sont comparés à la mort (§ 225), ils font également cesser l'usufruit (*a*) (3).

---

de lieux le mari jouit de l'usufruit des biens paraphernaux de sa femme, contre la disposition du Droit romain, quoiqu'on veuille s'autoriser de la loi 9, § 3, *ff. de jur. dot. et L.* 11, *C. de pact. convent.*

(*a*) Autrefois il s'éteignait aussi par le petit changement d'état, comme nous l'apprend Paul, *Sent. rec. liv.* 3, *tit.* 6, § 29; mais Justinien a changé

§ 423. Et quia est jus in re alienâ (§ 416): sequitur, III. ut et consolidatione desinat ususfructus, quia re propriâ nemo uti frui potest (§ 396, V.): nec non IV. totius rei interitu, adeo, ut ne in areâ quidem duret (1); immo et V. non usu decem annorum inter præsentes, viginti inter absentes (§ 413, III.) (2).

(1) *L.* 36, *pr. ff.* § 3, *Inst. h. t. L.* 30, 31, *ff. quib. mod. usuf. amitt.* — (2) *L. penult.* § 1, *Cod. de usufr. L.* 13, *de servit.*

§ 424. Denique quia ususfructus sæpe pactionibus et stipulationibus constituitur (§ 421, III.): consequens est, ut VI. et soluto jure constituentis (1); et VII. lapsu temporis conventione definiti, exspiret (2).

(1) *L.* 16, *L.* 19, *ff. quib. mod. usufr. amitt.* — (2) *L.* 5, *Cod. de usurf. L.* 15, *ff. quib. mod. usufr. amitt.*

TITULUS V.

De Usu et Habitatione.

§ 425. Hactenus de *usufructu*: sequitur usus, tanquam altera servitutum personalium species (§ 392).

---

adquis. per arrog. Ceterum civitas quoque capite minuta censetur, si aratrum passa, *L.* 21, *ff. quib. mod. ususfr. amitt.*

§ 423. Et de ce que c'est un droit sur la chose d'autrui (§ 416), il suit, 3° que l'usufruit cesse par la consolidation, parce que personne ne peut avoir l'usufruit de sa propre chose (§ 396, 5°); et qu'il cesse également, 4° par l'anéantissement total de la chose, en sorte qu'il ne subsiste pas même sur l'emplacement (1); que même il cesse encore, 5° par le non-usage, pendant dix ans entre présents, et vingt ans entre absents (§ 413, 3°) (2).

§ 424. Enfin de ce que l'usufruit s'établit souvent par des pactes et des stipulations (§ 421, 3°), on tire cette conséquence, 6° qu'il expire par la cessation du droit de celui qui l'a établi (1); et 7° par le laps du temps convenu.

TITRE V.

De l'Usage et de l'Habitation.

§ 425. JUSQU'ICI on a traité de l'*usufruit;* vient ensuite l'*usage,* comme la seconde espèce des servitudes personnelles (§ 392).

---

ce point, *d. L. pen. C. h. t.* Voyez le § 1, *Inst. de adquis. per arrog.* Au reste une commune est censée avoir souffert le grand changement d'état, lorsqu'on a passé la charrue sur son sol, *L.* 21, *ff. quib. mod. ususfr. amitt.*

§ 426. Quemadmodum fructus latius patet, quam usus, adeoque usufructuarius non solum pro modo necessitatis, sed et omnes rei proventus, ad voluptatem etiam pertinentes capit (§ 415) : ita facile patet, USUM esse *jus, alienis rebus tantum ad necessitatem utendi, salvâ earum substantiâ* (1).

(1) § 1, *Inst. h. t.*

§ 427. Inde ergo fluit, I. minus esse in usu, quam in usufructu (1), II. usum solâ necessitate quotidianâ definiri (2).

(1) § 1, *Inst. h. t.*—(2) *L.* 2, *pr. ff. h. t.*

§ 428. Ex quibus axiomatibus sequitur, I. ut, qui fundi usum habet, is pro modo conditionis, oleribus, pomis, floribus, fœno, stramentis, lignis, uti, non vero reliquos fructus capere possit (1). II. Ut ædium usuarius, istas quidem pro necessitate inhabitare, sed non aliis locare, et vix hospitem recipere possit (2). III. Ut pecorum usuarius de lacte, lanâ, stercore, modicum quo opus est, capiat, non autem fœtum (3). IV. Ut usuarius jus suum aliis locare, aut gratis concedere nequeat (4).

(1) § 1, *Inst. h. t L.* 10, § 4, *L.* 11, *seq. ff. h. t.*—(2) § 2, *Inst. L.* 2, § 1, *L.* 3, *sequ. ff. h. t.*—(3) § 37, *Inst. de rer. divis. L.* 12, § 2 *et* 3, *ff.* § 4, *Inst. h. t.*—(4) § 1, *Inst. h. t. L.* 12, § 4, *L. penult. pr. ff. h. t.*

§ 429. Tertia servitutum personalium spe-

§ 426. De même que l'usufruit est plus étendu que l'usage, et qu'ainsi l'usufruitier perçoit non-seulement les fruits en raison de ses besoins, mais encore tous les revenus de la chose, même pour l'agrément (§ 415); pareillement il est facile à voir que l'*usage* est le *droit de se servir de la chose d'autrui, seulement pour la nécessité et sans en altérer la substance* (1).

§ 427. Il résulte donc de là, 1° qu'il y a moins dans l'usage que dans l'usufruit (1); 2° que l'usage est circonscrit par les besoins journaliers (2).

§ 428. De ces axiômes il suit, 1° que celui qui a l'usage d'un terrain, peut, selon sa condition, user des légumes, des fruits, des fleurs, du foin, de la litière, du bois, mais ne peut pas prendre les autres fruits (1); 2° que l'usager d'une maison peut l'habiter selon ses besoins, mais non pas la donner à loyer, et qu'il peut à peine y recevoir un hôte (2); 3° que l'usager d'un troupeau peut prendre sur le lait, la laine, le fumier, le peu qui lui est nécessaire, mais non le croît du troupeau (3); 4° que l'usager ne peut louer à d'autres son droit, ni le céder gratuitement (4).

§ 429. La troisième espèce de servitude

cies, puta HABITATIO (§ 392), est *jus alienas ædes inhabitandi, salvâ earum substantiâ.* INHABITARE autem est, *iis ædium partibus uti frui, quæ habitationi sunt destinatæ.*

§ 430. Proinde I. qui jus habitandi habet, non, uti usuarius, ædibus pro necessititatis modo utitur, sed omnem fructum ex partibus habitationi destinatis percipit (1). II. Ædes potest alteri locare, puta ad inhabitandum (2). III. Itaque usumfructum percipit ex partibus ædium habitationi destinatis, non ex cellis, hortis, tabernis, etc.

(1) *L.* 13, *Cod. de usufr.*—(2) § 5, *Inst. h. t. L.* 13, *Cod. de usufr.*

§ 431. Iisdem modis habitationis jus finitur, ac ususfructûs et usûs (§ 422, *sequ.*), præterquam quod capitis deminutione et non-usu, non perimitur: cujus rei subtilem hanc rationem allegat Modestinus (1), quod habitatio *in facto potius, quam in jure consistat.*

(1) *L.* 10, *ff. de cap. minut.*

§ 432. Quarta species sunt OPERÆ SERVORUM (§ 392), quæ sunt *jus omnem utilitatem ex operis servi alieni percipiendi* (1).

(1) *L.* 3, *ff. de oper. serv.*

§ 433. Quare I. minus est in servitute operarum, quam in usufructu servi, quia usupersonnelle, c'est-à-dire, l'*habitation* (§ 392), est *le droit d'habiter dans la maison d'autrui, sans en altérer la substance; habiter* c'est *user et jouir des parties de l'édifice qui sont destinées à l'habitation.*

§ 430. C'est pourquoi, 1° celui qui a le droit d'habiter ne se sert pas de la maison seulement pour la nécessité, comme l'usager, mais il perçoit tout le fruit des parties destinées à l'habitation (1). 2° Il peut louer à un autre la maison, pour la lui faire habiter. Ainsi 3° il perçoit l'usufruit des parties destinées à l'habitation, et non pas des celliers, jardins, boutiques, etc.

§ 431. Le droit d'habitation finit de la même manière que ceux d'usufruit et d'usage (§ 422 *et suiv.*), excepté qu'il ne se perd pas par le changement d'état et le non-usage. Modestinus (1) en allègue cette raison, que *l'habitation consiste plutôt en fait qu'en droit.*

§ 432. La quatrième espèce de servitude personnelle consiste dans les *services des esclaves* (§ 392), c'est-à-dire, *le droit de recueillir toute l'utilité des services de l'esclave d'autrui* (1).

§ 433. Ainsi 1° il y a moins dans la servitude des services que dans l'usufruit de l'esclave, fructuarius omnem utilitatem capit ex servo, non solum quod servus operis suis, sed et quod e re ejus acquirit : verum cui operæ legatæ, is tantum ex operis servorum lucratur (1). II. Plus est in operarum servitute, quam in usu, quia illa nec solâ necessitate circumscribitur, et aliis locari potest (2).

(1) § 4, *Inst. per quas person.* —(2) *L.* 2, *ff. de usufr. legat.*

§ 434. Sed has quidem subtilitates hodie fere ignoramus, nec facile contingit, ut testator usumfructum, usum, habitationem, operas servorum, distinguat. Si quis autem distingueret, procul dubio sequenda essent juris romani principia.

TITULUS VI.

De Usucapionibus et longi temporis Præscriptionibus.

§ 435. ACTUM supra de modis adquirendi JURIS GENTIUM (§ 331 *seq.*) : jam imperator de CIVILIBUS dicere instituit, qui vel UNIVERSALES sunt, *quibus universum jus alterius in nos transfertur*, vel SINGULARES, *quibus rei singularis dominium adquirimus* (1).

(1) § *ult. Inst. per quas person.*

parce que l'usufruitier tire toute l'utilité de l'esclave, à raison non-seulement de ses services, mais encore de ce qu'il acquiert par la chose de l'usufruitier, tandis que celui à qui les services sont légués ne tire profit que du service de l'esclave (1). 2° Il y a plus dans la servitude des services que dans l'usage, parce qu'elle n'est pas circonscrite par la nécessité, et peut se louer à un tiers (2).

§ 434. Mais aujourd'hui nous n'usons point de ces distinctions subtiles. On voit rarement le testateur distinguer l'usufruit, l'usage, l'habitation, les services des esclaves. Si cependant il le faisait, il faudrait indubitablement suivre les principes du droit romain.

TITRE VI.

Des Usucapions et des Prescriptions de longues années.

§ 435. ON a traité ci-dessus des manières d'acquérir par le *droit des gens* (§ 341 *et suiv.*) maintenant Justinien va s'occuper des *manières civiles;* elles sont ou à *titre universel,* et ce sont *celles qui transfèrent sur nous l'universalité des droits d'une autre personne;* ou à *titre singulier,* et ce sont celles par lesquelles nous acquérons le domaine d'une chose particulière (1).

§ 436. UNIVERSALES memorantur sex (a), I. HEREDITATIS ADQUISITIO, II. BONORUM POSSESSIO, III. ADQUISITIO PER ADROGATIONEM, IV. ADDICTIO BONORUM LIBERTATUM SERVANDARUM CAUSSA, V. ADQUISITIO PER SECTIONEM BONORUM, et VI. EX SC. CLAUDIANO. De primâ a *tit.* 10 hujus libri usque ad *tit.* 19, nec non initio libri 3; de secundâ ejusdem libri tertii *tit.* 10; de tertiâ *tit.* 11; de quartâ *tit.* 12; de quintâ et sextâ *tit.* 13, agetur.

§ 437. Singulares quatuor habentur, I. USUCAPIO, de quâ *hoc titulo* 6; II. DONATIO, de quâ *titulo* 7; III. LEGATUM, de quo *titulo* 20; et IV. FIDEICOMMISSUM SINGULARE, de quo *titulo* 24.

§ 438. USUCAPIO est *adjectio*, vel uti apud Ulpianum (1) et Isidorum (2), est *adeptio do-*

(1) *Fragm. tit.* 19, § 8.—(2) *Orig.* 5, 25.

(a) Fuerunt tamen plures, veluti VII. *successio fisci in bona damnatorum, et bona vacantia*, *L.* 1, *ff. de jure fisci.*; VIII. *ingressus in monasterium*, *Nov.* 5, *cap.* 4; IX. *uxoris conventio in manum*, Cic. *Topic. cap.* 4.

§ 436. Les manières d'acquérir *à titre universel*, sont au nombre de six (*a*), savoir : 1° *l'acquisition d'une hérédité*, 2° *la possession des biens*, 3° *l'acquisition par adrogation*, 4° *l'adjudication des biens pour conserver les libertés*, 5° *l'acquisition par vente solennelle des biens*, et 6° *la successton en vertu du sénatus-consulte Claudien*. On traitera de la première au titre dix de ce livre jusqu'au titre dix-neuf, et au commencement du troisième livre; de la deuxième, au titre dix du troisième livre; de la troisième, au titre onze; de la quatrième, au titre douze; des cinquième et sixième, au titre treize.

§ 437. A titre singulier, il y en a quatre, savoir : 1° *l'usucapion*, dont il sera traité dans ce titre six; 2° *la donation*, dans le titre sept; 3° *le legs*, dans le titre vingt; et 4°. le *fidéicommis particulier*, dans le titre vingt-quatre.

§ 438. L'*usucapion* est l'*adjonction* ou, selon Ulpien (1) et Isidore (2), *l'acquisition du domaine par la continuation de possession*

(*a*) Cependant il y en avait encore d'autres, telles que, 7° la succession du fisc aux biens des condamnés et aux biens vacants, *L.* 1, *ff. de jure fisci.*; 8° la profession religieuse dans un monastère, *Nov.* 5, *cap.* 4; 9° la mancipation de l'épouse, Cicéron, *Topic. ch.* 4.

minii per continuationem possessionis temporis lege definiti (1); PRÆSCRIPTIO contra longi temporis, illi adfinis, *erat exceptio, quâ is, qui longo tempore rem possederat, sesé adversus dominum tuebatur.* Ergo ab usucapione olim differebat præscriptio. Hæc enim non dominium Quiritarium et civile adjiciebat, sed exceptionem et dominium bonitarium tribuebat: et proinde etiam in rebus incorporalibus et prædiis provincialibus locum habebat, et imperatorum constitutionibus inducta videtur usucapionis supplendæ caussâ (2). Illa requirebat in mobilibus annum, in immobilibus biennium; hæc x. annos inter præsentes, xx. inter absentes. Sed *Justinianus*, sublato illo discrimine, usucapionem et præscriptionem longi temporis veluti in unum conflavit (3), simulque præscriptionem longissimi temporis quibusdam casibus retinuit.

(1) *L.* 3, *ff. h. t.* — (2) § 2, *Inst. h. t.* — (3) *L. unic. Cod. de usucap. transform.*

§ 439. Quum ergo usucapio sit adjectio dominii (§ 438), eam I. oportet fundamento aliquo niti, quod non aliud est, quam præsumptio, rem pro derelictâ esse habitam, quam dominus tanto tempore non vindicârit (1),

(1) Grot. *de jur. bell. et pac. lib.* 2, *cap.* 4.

pendant le temps déterminé par la loi (1). La *prescription de longues années*, qui s'en rapproche beaucoup, était au contraire *une exception par laquelle celui qui avait possédé une chose par longues années, repoussait le propriétaire.* Ainsi autrefois la prescription différait de l'usucapion. Car la prescription ne donnait pas le domaine quiritaire ou civil, mais une *exception*, et le domaine bonitaire, ou du droit des gens, et par conséquent elle avait lieu sur les choses incorporelles et les fonds des provinces, et elle paraît avoir été introduite par les constitutions des empereurs, pour suppléer l'usucapion (2). Celle-ci exigeait un an pour les meubles, et deux ans pour les immeubles; la prescription, dix ans entre présents, et vingt ans entre absents. Mais Justinien, ôtant ces différences, a, pour ainsi dire, confondu en un l'usucapion et la prescription de longues années (3), et en même temps il réserva pour certains cas la prescription de *très-longues années.*

§ 439. L'*usucapion* étant l'adjonction du domaine (§ 438), il faut 1° qu'elle repose sur quelque fondement, et il n'y en a point d'autre que de présumer que la chose est abandonnée par le propriétaire, lorsqu'il a été tant de temps sans la revendiquer (1), et que par conséadeoque illam cedere possessori (§ 342 *et sequ.*).

§ 440. Deinde ex eodem principio fluit, II, usu capi posse res, quæ possunt adquiri, non exemtas hominum commercio (1), nec vitio possessas (2), aliasque quasdam, quarum usucapio speciali lege inhibita, ut res dominicas, fisci, ecclesiarum, pupillorum et minorum, et quarumcunque alienatio vel lege, vel testamento prohibita (3). III. Usucapionem locum tantum habere in rebus corporalibus (*a*) (§ 335) (4), siquidem res incorporales nec in

(1) *L.* 9, *ff. h. t.*—(2) § 2 *et* 5, *Inst. h. t.*—(3) *Tit. Cod. ne rei domin. L.* 23, *Cod. de sacr. sanct. eccl. L.* 3, *Cod. quib. non obst. long. temp. præscr. L.* 12, *L.* 24, *ff. h. t.*—(4) *L.* 14, *pr. ff. de serv. L.* 43, § 1, *ff. de adq. rer. domin.*

(*a*) Hinc lex Scribonia lata. Quum enim veteres juris interpretes etiam servitutum usucapionem contra principia juris civilis invexissent, Cic. *pro Cæcin. cap.* 26; lex Scribonia eam servitutum usucapionem paullo post inhibuit, *L.* 4, § *ult. ff. de usurpat.* Postea prætor eos, qui servitutes nec vi, nec clam, nec precario longo tempore possederant, adjuvit; *L.* 10, *ff. si servit. vind.* Denique earum præscriptionem admisit Justinianus, *d. L. ult. C. de long. temp. præscript.* Ex quo simul adparet, nec bonam fidem, nec justum titulum, quent elle est acquise au possesseur (§ 432 *et suiv.*).

§ 440. Il suit de ce même principe, 2° que l'on peut usucaper les choses qui peuvent s'acquérir, et non pas celles qui sont hors du commerce des hommes (1), ni celles dont la possession est vicieuse (2), et quelques autres dont l'usucapion est défendue par une loi spéciale, comme les choses appartenantes au prince, au fisc, aux églises, aux pupilles et aux mineurs; et toutes celles dont l'aliénation est prohibée par la loi ou par un testament (3). 3° Que l'usucapion n'a lieu que sur les choses corporelles (*a*) (§ 335) (4), puisque les choses incorporelles ne peuvent être ni dans le domaine,

---

(*a*) C'est ce qui fit porter la loi Scribonia. Car comme les anciens interprètes du Droit avaient introduit, contre les principes du Droit civil, l'usucapion même sur les servitudes, Cic. *pro Cæcin. ch.* 26; la loi Scribonia peu après défendit cette usucapion des servitudes, *L.* 4, § *ult. ff. de usurpat.* Ensuite le préteur vint au secours de ceux qui avaient joui pendant long-temps d'une possession paisible, publique, non précaire, *L.* 10, *ff. si servit. vind.* Enfin Justinien admit la prescription des servitudes, *d. L. ult. C. de long. temp. præscript.*; d'où l'on voit en même temps qu'ici l'on ne requiert ni bonne foi, ni juste titre, ni la connaisdominio esse, nec proprie possideri possunt (1). Attamen quia et hæ quasi possidentur (§ 388 II), et in bonis sunt (§ 388): consequens est, ut *quasi usucapi*, vel *præscribi* queant (2).

(1) *L.* 3, *pr. ff. de acquir. possess.* — (2) *L. ult. Cod. de long. temp. præscr.*

§ 441. Quumque usucapio sit modus adquirendi juris civilis (§ 437), sequebatur. IV. ut procederet inter solos cives romanos. *Adversus hostem* enim, sive peregrinum, ex Lege XII Tabularum *æterna auctoritas erat* (1). Sed hoc post communicatam cum omnibus ingenuis in orbe romano viventibus civitatem, fere extra usum fuit. V. Ut tribueret dominium juris Quiritum (2); adeoque VI. locum haberet tantum in rebus immobilibus Italici soli (§ 330, *), in rebus mobilibus omnibus (3). Verum et hoc mutatum, postquam differentia inter res mancipî et nec mancipî, dominiumque Quiritarium et bonitarium sublata est a Justiniano (§ 336) (4).

(1) Macrob. *Saturn. lib.* 1, *cap.* 16. — (2) Ulp. *fragm. tit.* 19, § 7. — (3) *L. unic. Cod. de usucap. transform.* — (4) *L. un. Cod. de nud. jur. Quirit. toll.*

§ 442. Ceterum usucapionis et præscrip-

---

nec scientiam domini, adversus quem præscribitur, hic requiri. Zach. Huber. *Obs. rer. jud. Obs.* 13. Adde tamen Pagenst. *Aphor. jur. p.* 119.

ni être, à proprement parler, possédées (1). Cependant, comme ces choses admettent une *quasi-possession* (§ 388, 2°) et font partie de notre patrimoine (§ 388), il suit qu'elles peuvent être l'objet d'une *quasi-usucapion*, ou *prescription* (2).

§ 441. L'usucapion étant une manière d'acquérir du droit civil (§ 437), il suit, 4° qu'elle n'avait lieu qu'entre les citoyens romains; car, d'après la loi des XII Tables, le droit de propriété était éternel contre l'*ennemi*, c'est-à-dire, l'*étranger* (1). Mais le droit de cité ayant été accordé à tous les ingénus vivant dans l'empire romain, cette distinction fut presque hors d'usage; 5° qu'elle donnait le domaine quiritaire (2), et par conséquent, 6° qu'elle n'avait lieu sur les immeubles que pour ceux d'Italie (§ 330, *), et sur les meubles pour tous (3). Mais cela même a été changé depuis que la différence entre les choses de mancipation et de non-mancipation, entre le domaine quiritaire et bonitaire, a été supprimé par Justinien (§ 336) (4).

§ 442. Au reste, on voit par la définition

---

sance du maître contre qui l'on prescrit. Voyez Zach. Huber. *Observ. rer. jud. Obs.* 13; ajoutez cependant Pagenst. *Aphor. jur. p.* 119.

tionis longi temporis quæ sint requisita, fere ex ipsâ definitione adparet. Ea enim procedere non potest, I. sine BONA FIDE, *quæ est opinio possessoris, quâ se dominum credit* (§ 376) (1). Et jure quidem nostro sufficit, bonam fidem *ab initio* adesse (*a*), et mala fides superveniens possessori fraudi non est (2). Sed jure canonico bona fides continua exigitur (3), quo jure plerisque locis utuntur.

(1) *Pr. Inst. h. t. L.* 109, *ff. de verb. signif.* — (2) *L.* 48, § 1, *ff. de acquir. rer. domin. L. unic. Cod. de usucap. transf.* —(3) *Cap. final. X de præscript.*

§ 443. Nec locum habet usucapio, II. si desit JUSTUS TITULUS, seu *caussa ad transferendum dominium habilis* (§ 339) (1) (*b*). Unde non sufficit I. opinio erronea justæ caussæ (2), nisi error sit justus (3), II. nec

(1) § 5, *Inst. per quas pers. cuiq. adquir. L.* 24, *Cod. de rei vind.* — (2) *L.* 27, *ff. h. t.* § 6, *Inst. h. t.* — (3) *L.* 11, *L.* 14, *ff. pro empt.*

(*a*) Aliud in perceptione fructuum, in quâ non sufficit bona fides, nisi nunquam interrupta (§ 376), *L.* 23, § 1, *ff. de acquir. rer. dom.*

(*b*) Quum enim ne domini quidem traditione sine justo titulo dominium transferatur (§ 381, IV): multo minus dominium adquiret, qui a non domino, nullâ præviâ justâ caussâ, rem traditam accepit, *L.* 31, *ff. de acquir. rem. dom.*

même de l'usucapion et de la prescription de longues années, quelles conditions elles exigent. En effet, celle-ci ne peut s'accomplir 1° sans *bonne foi*, qui est *l'opinion où est le possesseur lorsqu'il se croit propriétaire* (§ 376) (1). Il suffit, dans le Droit romain, qu'il y ait bonne foi au commencement de la possession (*a*); la mauvaise foi survenant ne nuit point au possesseur (2). Mais le droit canonique exige une bonne foi continue (3), et c'est le droit suivi presque partout.

§ 443. L'usucapion n'a point lieu non plus, 2° sans un *juste titre*, ou *une cause propre à transférer le domaine* (§ 339) (1) (*b*). Ainsi, il ne suffit pas 1° de croire que l'on a une juste cause, sans l'avoir réellement (2), à moins que l'erreur ne soit légitime (3); ni 2° d'avoir un

(*a*) Autre chose est dans la perception des fruits, pour laquelle la bonne foi ne suffit pas, si elle est interrompue (§ 376), *L.* 23, § 1, *ff. de adq. rer. dom.*

(*b*) Car comme le domaine n'est pas transféré, même par la tradition du maître, sans juste titre (§ 381, 4°), à plus forte raison le domaine ne sera-t-il pas acquis par celui qui a reçu la tradition, sans juste cause, de celui qui n'était pas propriétaire, *L.* 31, *ff. de acq. rer. dom.*

contractus simulatus et fictus (1), III nec titulus revocabilis, veluti mortis causså donatio (2).

(1) *L.* 1, *Cod. plus val. quod agit.*—(2) *L.* 13, *pr. ff. de mort. causs. donat.*

§ 444. Neque porro usucapione adquiruntur, III. nisi RES usucapionis CAPACES (§ 440). Ex quo sequitur, ut res furtivæ et vi possessæ, propter vitium rei inhærens et possessores comitans, et res alienari prohibitæ non possint usucapi, nisi illis ad priorem dominum scientem reversis, vitium purgetur (1).

(1) § 3, *Inst. h. t. L.* 84, *ff. de furt. L.* 4, § 6, 12 *et sequ. ff. h. t. L.* 6, *Cod. pro empt.*

§ 445. Accedat porro necesse est IV. TEMPUS lege DEFINITUM, olim quidem annus in re mobili, biennium in immobili (1); jure novo triennium in mobili, decennium in immobili inter præsentes, vicennium inter absentes (*a*) (2). Plerisque tamen locis, ubi jus germanicum

(1) *Pr. Inst. h. t.* Ulp. *Fragm. tit.* 19, § 8. — (2) *L. unic. Cod. de usucap. transf. Pr. Inst. h. t.*

(*a*) Ergo anni absentiæ duplicantur, siquis aliquandiu præsente, aliquandiu absente domino, rem bonâ fide et ex juxtâ causså possedit; vel, quod perinde est, alii tot anni super decennium adjiciuntur, quot ex ipso decennio absens fuit, *Nov.* 119, *cap.* 8.

contrat simulé et feint (1), ni 3° un titre révocable, comme une donation à cause de mort (2).

§ 444. On ne peut acquérir par l'usucapion, 3° que les choses *susceptibles* d'usucapion, (§ 440), d'où il suit que les effets volés ou ravis par violence, à cause du vice inhérent à la chose, et qui suit chaque possesseur; les choses dont l'aliénation est défendue, ne peuvent être acquises par usucapion, à moins, pour les premiers, que le vice ne soit purgé par leur retour entre les mains du premier maître et à sa connaissanee (1).

§ 445. A ces conditions il faut joindre 4° *le temps marqué par la loi*, autrefois d'un an pour les meubles, de deux ans pour les immeubles (1); par le droit nouveau, de trois ans pour les meubles, et quant aux immeubles, de dix ans entre présents, et vingt ans entre absents (*a*) (2). Cependant, dans la plupart des lieux, l'ancien droit germain étant encore en

---

(*a*) Ainsi les années d'absence se doublent lorsque quelqu'un a possédé de bonne foi et par une juste cause, quelque temps en l'absence, quelque temps dans la présence du propriétaire; ou, ce qui est la même chose, on ajoute aux dix ans autant d'années que le maître a été absent sur ces dix ans, *Nov.* 119, *ch.* 8.

antiquum adhuc viget, res mobiles anno et die; immobiles, triginta annis, anno et die præscribuntur (1). Germanis enim antiquis triginta annos sæculum fuisse, observavit Plinius (2).

(1) Vid. Stryk. *us. hod. D gest. h. t.* Groeneweg. *ad pr. Inst. h. t.* — (2) *Hist. natur. lib.* 16, *cap.* 44. Conf. *Elem. jur. nat. et gent. lib* 2, *tit.* 4, § 100.

§ 446. Denique etiam requiritur V. CONTINUA POSSESSIO, et quidem non naturalis tantum, sed civilis, id est, cum animo dominii, vel sibi habendi conjuncta (§ 376) (1). Successor continuat possessionem auctoris sui: et in *universali* quidem (§ 436) nihil interest, sive ipse in bonâ, sive in malâ fide sit, dum defunctus eam bonâ fide incœperit (§ 442) (2); singularis autem, si et ipse et auctor (*a*) in bonâ fide fuerit (3).

(1) *L.* 25, *ff. de usucap.* - (2) § 7, *Inst. h. t.*—(3) *L.* 13, § *ult. ff. de acquir. possess.*

(*a*) Si in bonâ fide sit successor singularis, ei fraudi non est mala auctoris fides, dum ipse à suâ personâ usucapionem inchoet, *L.* 5, *ff. de divers. et temp. præsc. L.* 2, *C. de præsc. long. temp.* Ast universali mala fides defuncti semper nocet adeo, ut ne a suâ quidem personâ inchoare possit præscriptionem, *L.* 11, *C. de acquir. possess.* Heres enim succedit in omnia jura defuncti (§ 435) vigueur, les meubles se prescrivent par an et jour, les immeubles par trente-un ans et un jour (1). Car, chez les anciens Germains, trente ans étaient un siècle, comme l'observe Pline (2).

§ 446. Enfin on requiert aussi 5° *une possession continue.* Cette possession ne doit pas seulement être naturelle, mais civile, c'est-à-dire jointe avec l'idée d'être propriétaire, ou celle de garder pour soi (§ 376) (1). Le successeur continue la possession de son auteur, et quant au successeur à *titre universel* (§ 436), peu importe qu'il soit en bonne ou mauvaise foi, pourvu que son auteur ait commencé la possession avec bonne foi (§ 442) (2), mais le successeur à titre singulier ne la continue qu'autant que lui et son auteur ont été de bonne foi (*a*) (3).

(*a*) Si le successeur à titre singulier est en bonne foi, la mauvaise foi de son auteur ne lui nuit pas, pourvu qu'il commence la prescription de son chef, *L.* 5, *ff. de divers. et temp. præsc. L.* 1, *C. de præsc. long. temp.* : mais quant au successeur à titre universel, la mauvaise foi de son auteur lui est toujours nuisible ; de sorte qu'il ne peut commencer la prescription même de son chef, *L.* 11, *C. de adquir. possess.* ; car l'héritier succède à

§ 447. Ex quo sequitur, ut si vel naturaliter, vel civiliter interrumpatur usucapio (quod USURPATIONEM vocant jura) (1), solus lapsus temporis non prosit (2). Fit autem *naturalis usurpatio*, si quis e possessione dejicitur (3); *civilis* per actum judicialem, hodie per citationem adversarii, vel per oblationem libelli (*a*) (4).

(1) *L.* 2, *ff. h. t.* — (2) *L.* 2 *Cod. de long. temp. præscript.* — (3) *L.* 5, *ff. h. t. L.* 15, *ff. de acquir. vel. amitt. possess.* — (4) *L. penult. et ult. Cod. de ann. except.*

§ 448. Hactenus de *usucapione*, quamque cum illâ pari passu ambulare voluit Justinianus, *longi temporis præscriptione*. Ab hac differunt PRÆSCRIPTIO LONGISSIMI TEMPORIS, et IMMEMORIALIS PRÆSCRIPTIO (§ 458), veluti in

---

adeoque etiam in ejusdem vitia, *L.* 11, *ff. de div. et temp. præsc.*

(*a*) Quod si tamen sequuta sit sententia absolutoria, possessio etiam lite pendente continuatur, et ad usucapionem adimplendam prodest, *L.* 2, *ff. pro don. L.* 1, *L.* 9, *C. de præsc. long. temp.* Singulare etiam privilegium est fisci et rerum dominicarum, quod qui a fisco emat, statim securus fiat, fiscus autem post quadriennium conveniri nequeat, *L.* 2 *et L. ult. C. de quadr. præscr.* § *ult. Inst. h. t.*

§ 447. D'où il suit que, si l'usucapion est interrompue, ou naturellement ou civilement (ce que les jurisconsultes appellent *usurpation*) (1), le seul laps de temps ne profite en rien (2). Il y a interruption *naturelle*, lorsqu'on est dépouillé de la possession (3); et interruption *civile*, [illegible] un acte judiciaire, aujourd'hui par citation [illegible] l'adversaire ou signification d'exploit (*a*) (4).

§ 448. Jusqu'ici nous avons traité de l'*usucapion* et de la *prescription de longues années*, que Justinien a voulu faire marcher de pair. Il faut en séparer la *prescription de très-longues années*, et la *prescription immémoriale* (§ 458),

---

tous les droits du défunt (§ 455), et par conséquent aussi à ses vices, L. 11, *ff. de div. et temp. præsc.*

(*a*) Si cependant un jugement rejette la demande, la possession a continué pendant l'instance, et sert à compléter l'usucapion, *L.* 2, *ff. pro don. L.* 1, *L.* 9, *C. de præsc. long. temp.* Il y a aussi un privilége particulier au fisc et au prince, en ce que celui à qui ils vendent est aussitôt propriétaire, et qu'après quatre ans, le fisc ne peut être inquiété, *L.* 2, *et L. ult. C. de quadr. præscrip.* § *ult. Inst. h. t.*

subsidium admissæ, si quando non procedat usucapio vel præscriptio ordinaria.

§ 449. Præscriptio LONGISSIMI TEMPORIS vel XXX vel XL vel C annorum est.

§ 450. TRIGINTA ANNIS I. præter actiones personales (1), præscribuntur, II. quæ antecessor, ob rei vitium (§ 440) nulam fidem, vel defectum justi tituli, præscribere non potuit, veluti III. res vitiosæ, bonâ fide possessæ (2); IV. res minorum (3); V. res adventitiæ filiorum familias (4); VI. res a malæ fidei possessore alienatæ, modo ipse possessor in bonâ fide sit (5).

(1) *L.* 3, *Cod. de præscript.* 30 *vel* 40 *ann.* —(2) *L.* 8 § 1, *Cod. eod.* —(3) *L.* 3, *Cod. quib. long. temp. præscript. non obst.* —(4) *Nov.* 122, *cap.* 24.—(5) *Novel.* 119, *cap.* 7, *Auth.* mal. fid. *Cod. de præscript.* 10 *vel* 20 *ann.*

§ 451. QUADRAGINTA ANNIS præscribuntur I. res fiscales (1), et patrimoniales principis (2), II. res ecclesiarum immobiles (3); et ex interpretatione doctorum III. res immobiles civitatum, quippe quas jure ecclesiarum frui aiunt : IV. jus hypothecæ, si ipse debitor rem oppignoratam possideat (§ 1267) (4).

(1) *L.* 4, *Cod. de præscript.* 30 *vel* 40 *ann.* — (2) *L. fin. Cod. de fund. patr.* — (3) *L.* 24, *Cod. de sacr. sanct. eccl. Novel.* 111, *cap.* 1. *Nov.* 131, *cap.* 6.—(4) *L.* 7, § 1, *Cod. de præscript.* 30 *vel* 40 *ann. L.* 1, § 1, *Cod. de ann. except.*

§ 452. CENTUM ANNIS præscribuntur res

admises subsidiairement quand l'usucapion ou la prescription ordinaire n'a pas lieu.

§ 449. La prescription de *très-longues années* est de trente ou de quarante ou de cent ans.

§ 450. Se prescrivent par *trente ans*, outre 1° les actions personnelles (1); 2° les choses que le prédécesseur n'a pu prescrire, à cause du vice de la chose (§ 440), sa mauvaise foi, le défaut de juste titre; telles que 3° les choses vicieuses possédées de bonne foi (2); 4° les choses des mineurs (3); 5° les biens adventifs des fils de familles; 6° les choses aliénées par un possesseur de mauvaise foi, pourvu que le possesseur soit lui-même en bonne foi (5).

§ 451. Se prescrivent par *quarante ans*, 1° les choses du fisc (1), et du patrimoine du prince (2); 2° les immeubles appartenants à l'église (3), et d'après l'interprétation des jurisconsultes, 3° les immeubles des communes, parce qu'elles jouissent, selon eux, des priviléges des églises; 4° le droit d'hypothèque, si le débiteur possède lui-même la chose grévée d'hypothèque (§ 1267) (4).

§ 452. Se prescrivent par *cent ans* les choses

ecclesiæ romanæ, quæ sola hoc C. annorum spatio vel privilegio gaudet (1).

(1) *Auth.* quas act. *Cod. de sacr. sanct. eccl.*

§ 453. PRÆSCRIPTIO IMMEMORIALIS dicitur, cujus in contrarium non extat memoria (1). Eâque adquiri dicuntur regalia, immunitates a tributis, etc., quamvis id vix procedat contra principem (2), et nunquam in domanialibus (3).

(1) *L.* 2, § 1 *et* 7. *L.* 23, § 2, *ff. de aqu. et aqu. pluv. arcend.* — (2) *L.* 6, *Cod. de præscript.* 30 *vel* 40 *ann.* — (3) *Cap.* 33, *X de jurejur.* Conf. *Elem. Jur. germ. lib.* 2, *tit.* 4, § 99 *sequ.*

TITULUS VII.

De Donationibus.

§ 454. ALTER modus adquirendi dominii juris civilis dicitur DONATIO (§ 437). Ast ea hodie non est modus adquirendi dominii, sed titulus (§ 339): nec tam jure civili auctoritatem obtinuit, quam jure gentium, nisi forte donationes mortis caussâ et propter nuptias huc referre velis (1). Sequendus tamen ordo Imperatoris, qui Caium sequutus videtur (*a*).

(1) Vid. Ulr. Huber. *prælect. ad Inst.* § 1, *h. t.*

(*a*) Caii enim temporibus donatio omnino fuit modus adquirendi dominii, quia donatio tum sine de l'église romaine, qui seule jouit de cet espace de cent ans (1).

§ 453. La *prescription immémoriale* est celle, au contraire de laquelle il n'existe rien de mémoire d'homme (1). Par-là on acquiert les droits de régale, l'exemption des tributs, etc., quoiqu'elle puisse rarement valoir contre le prince (2), et jamais contre le domaine (3).

TITRE VII.

Des Donations.

§ 454. Il est un autre moyen d'acquérir la propriété par le droit civil, et qu'on nomme *donation* (§ 437). Mais aujourd'hui, ce n'est pas une manière d'acquérir le domaine, c'est seulement un titre (§ 339); et c'est moins du droit civil que du droit des gens qu'elle a tiré son autorité, si ce n'est peut-être qu'on pourrait rapporter ici les donations à cause de mort, et les donations en faveur de noces (1). Cependant il faut suivre l'ordre de Justinien, qui lui-même paraît avoir suivi Caïus (*a*).

(*a*) Du temps de Caïus la donation était, à tous égards, une manière d'acquérir le domaine, parce

§ 455. DONATIO est *liberalitas in accipientem, nullo jure cogente, collata* : eaque fit vel MORTIS CAUSSA, VEL INTER VIVOS seu NON MORTIS CAUSSA (1).

(1) *Pr. Inst. h. t.*

§ 456. NON MORTIS CAUSSA, vel INTER VIVOS donatio est, *quæ sine respectu ad casum mortis celebratur.* MORTIS CAUSSA DONATIO, *quæ propter mortis fit suspicionem*, sive quod immineat periculum, sive quod donator de mortalitate cogitet (1). Illa *pactum* est; hæc inter pactum et ultimam voluntatem quodammodo fluctuat.

(1) *L. 2 seq. ff. de donat. mort. causs.*

§ 457. Ob hoc axioma I. utraque donatio fieri potest a domino; et inter vivos quidem ab eo, cui libera est administratio rerum suarum (1); mortis caussâ ab eo, qui potest tes-

(1) § 40, *Inst. de rer. divis. L.* 21, *Cod. mand.*

---

traditione non intelligebatur, adeo ut ex lege Cinciâ ætiam æs et libram intercedere oporteret. Quod sensim constitutionibus mutatum. Diximus ad Vinn. *Comment. h. t.*, et ante nos rem luculenter exposuit Jo. Petr. a Ludewig. *in Dissert. de donatione ejusque barbaro adnexu, acceptatione*, quæ non nisi intelligentibus harum rerum placere potest.

§ 455. La *donation est une libéralité conférée, sans y être forcé par aucun droit, à une personne qui l'accepte.* Elle se fait soit *à cause de mort*, soit *entre-vifs* ou *sans cause de mort* (1).

§ 456. La *donation sans cause de mort* ou *entre-vifs* est celle qui se fait sans égard au cas de mort (du donateur). La *donation à cause de mort*, est celle qui se fait dans l'attente de la mort, soit qu'un danger menace le donateur, soit qu'il réfléchisse sur sa condition mortelle. La donation entre-vifs est un *pacte*; l'autre, tient en quelque sorte le milieu entre le *pacte* et la *dernière volonté*.

§ 457. D'après cette règle, 1° l'une et l'autre donations peuvent être faites par le maître de la chose; entre-vifs, lorsqu'il a la libre administration de ses biens (1); à cause de mort,

---

qu'alors il n'y avait pas de donation sans tradition; en sorte que d'après la loi Cincia, il fallait la pièce de monnaie et la balance : ce qu'ont changé peu à peu les constitutions des princes. Nous en avons parlé, sur Vinnius à ce titre; et avant nous, la chose a été parfaitement exposée par Ludewig, dans une *Dissertation* sur la *donation et son barbare accessoire*, l'*acceptation*; mais elle ne peut avoir d'intérêt que pour ceux qui sont au fait de ces choses-là.

tamentum facere (1), immo et a filiofamilias, si pater permiserit (2).

(1) *L.* 15, *ff. de mort. causs. donat.*—(2) *L.* 25, § 1, *ff. eod.*

§ 458. Ergo II. donari potest inter vivos omnibus, qui donationem acceptant (1), modo non obstet unitas personæ. Ex quo principio donatio non valet inter patrem et liberos (2) (§ 139), nec inter conjuges (§ 136) (*a*) (3). Mortis vero caussâ donari potest omnibus, quibus legari postest (4).

(1) Cicer. *Topic. cap.* 8 — (2) *L.* 1, § 1, *ff. pro donat.*— (3) *Tit. ff. de donat. inter vir. et ux.*—(4) *L.* 35, *pr. ff. de mort. causs. donat.* § 24, *Inst. de legat.*

(*a*) Ratio ergo reddenda ex jure antiquo. Uxores olim in manum conveniebant, eodemque loco erant viris, quo heredes suæ et filiæfamilias (§ 146, *). Ergo non magis inter se donare poterant conjuges, ac pater et filiusfamilias. Postea, quum conventio in manum fere obsolevisset, et donationes tamen inter conjuges prohibitæ manerent, ob orationem Antonini Caracallæ, *L.* 3, *pr. ff. de donat. inter vir. et uxor.*, alias rationes excogitârunt jureconsulti, veluti, ne mutuato amore se invicem spoliarent conjuges, ut potius esset studium educendi liberos, ne venalitia essent matrimonia, etc. *L.* 1, *L.* 2, *ff. de don. inter. vir. et uxor.*

lorsqu'il peut faire un testament (1); et même quoiqu'il soit fils de famille, si son père le permet (2).

§ 458. On peut donc 2° donner entre-vifs à tous ceux qui acceptent la donation (1), pourvu qu'il n'y ait pas d'obstacle par l'unité de personnes. Ainsi, d'après ce principe, la donation ne vaut pas entre le père et les enfants en puissance (2) (§ 139), ni entre époux (§ 146) (*a*) (3). On peut faire une donation à cause de mort, à tous ceux à qui on peut faire un legs (4).

(*a*) Il faut en rendre raison d'après le droit ancien : autrefois les femmes passaient sous la main de leurs époux; à leur égard elles étaient comme héritiers *siens* et filles de famille (§ 156, *). Ainsi les époux ne pouvaient pas se donner entre eux, pas plus que le père et le fils de famille. Mais la femme ayant cessé de passer sous la puissance du mari, et cependant les donations entre époux continuant d'être prohibées par la constitution d'Antonin Caracalla, *L.* 3, *pr. ff. de donat. inter vir. et uxor.*, les jurisconsultes ont imaginé d'autres raisons, telles que la crainte que les époux ne se dépouillassent réciproquement, par une feinte tendresse; le désir qu'ils s'attachassent plutôt à élever leurs enfants, et qu'on ne fît point du mariage une spéculation, *L.* 1, *L.* 2, *ff. de don. inter vir. et uxor.*

§ 459. Porro ob idem axioma III. utroque modo donari possunt res omnes quæ sunt in commercio, etiam incorporales (1), etiam alienæ, eatenus ut possint usucapi (2), etiam omnia bona præsentia et futura (3).

(1) *L.* 9, *pr. L.* 27, *L.* 28, *ff. h. t.* – (2) *L.* 9, § *ult. L.* 18, § *ult. h. t. et tit. pro donat.* § 4, *Inst. de legat. L.* 13, *pr. ff. de mort. causs. donat.* – (3) *L.* 35, § 4, *Cod. h. t.*

§ 460. Sed hactenus differunt inter vivos et mortis caussâ donatio, I. quod illa et remotis arbitris, hæc non nisi coram quinque testibus fieri potest (1); II. quod illa actis intervenientibus insinuanda, si 500 solidos excedat (2), hæc insinuatione non indiget (3), III. quod illa suâ naturâ irrevocabilis, hæc revocabilis est (4), IV. quod illa traditione demum transfert dominium (§ 339, **) (5), hæc etiam sine traditione (6) (§ 339, **), dummodo decesserit donator, neque eum donationis pœnituerit (7), V. quod in illâ beneficio competentiæ (8), in hâc quartæ Falcidiæ locus est (9).

(1) *L. ult.* § *fin. Cod. de codicill.* – (2) *L.* 36, § *ult. Cod.* § 2, *Inst. h. t.* – (3) *L. ult. Cod. de mort. causs. donat.* – (4) § 1, *Inst. h. t. L.* 2, *L.* 29, *ff. de mort. causs. donat.* – (5) § 40, *Inst. de rer. divis.* – (6) *L.* 2, *ff. de publ. in rem act.* – (7) § 1, *Inst. h. t. L.* 16, *L.* 30, *ff. de mort. causs. donat.* – (8) *L.* 12, *L.* 33, *ff. h. t.* – (9) *L.* 2, *Cod. de mort. causs. donat.*

§ 461. Ergo res donata inter vivos, nondum tradita (§ 460, IV.), si stipulatio intercesserit,

§ 459. Et d'après la même règle, 3° on peut donner, de l'une et l'autre manière, toutes les choses qui sont dans le commerce, même les choses incorporelles (1), et les choses d'autrui, en ce sens qu'elles pouvaient alors être acquises par usucapion (2), on pouvait aussi donner tous les biens présents et à venir (3).

§ 460. Mais la donation entre-vifs et la donation à cause de mort diffèrent, 1° en ce que la première peut se faire sans témoins, celle-ci seulement en présence de cinq témoins (1); 2° que la première doit être insinuée dans un registre public, si elle excède cinq cents solides (2): la seconde n'a pas besoin d'insinuation (3); 3° que la première est de sa nature irrévocable, et la seconde révocable (4); 4° que la première transfère le domaine par la tradition (§ 339, **) (5), et la seconde, même sans tradition (6) (§ 339, **), pourvu que le donateur soit décédé, et qu'il ne se soit pas repenti de la donation (7); 5° que, dans la première, il y a lieu au bénéfice de compétence (8), et dans la seconde, à la quarte Falcidie (9).

§ 461. Ainsi la chose donnée entre-vifs, et non livrée (§ 460, 4°), se demande, lorsqu'il *petitur actione ex stipulatu* (1), sin pactum, *condictione ex lege* (2). Donatarius, cui mortis caussâ donatum, easdem habet actiones, quas legatarius (§ 458 *et* 639), nempe rei vindicationem, actionem hypothecariam, et personalem ex testamento (3).

(1) *Pr. Inst. de verb. oblig.* — (2) *L.* 35, § 4 *et* 5, *Cod. h. t.* — (3) *L.* 1, *Cod. comm. legat.* § 2, *Inst. de legat.*

§ 462. Quamvis vero donatio inter vivos suâ naturâ sit irrevocabilis (§ 460, III.): rescinditur tamen, I. quatenus est inofficiosa (1); II. quatenus modum vel summam excedens 500 solidorum, non insinuata (2); III. ob insignem ingratitudinem (3); IV. ob supervenientiam liberorum ex lege codicis (4); quæ lex tamen soli patrono jus donationem revocandi concedit (*a*). Quemadmodum ex caussâ tertiâ tanquam delictum vindicante, tantum donatori, non heredibus, actio nascitur (5).

(1) *L.* 5, *L.* 7, *Cod. de inoff. donat.* — (2) *L.* 21, *in fin. ff. de donat.* *L.* 34, *pr.* *L.* 36, § *ult.* *Cod. de donat.* — (3) § 2, *Inst. h. t.* *L.* 10, *Cod. de revoc. donat.* — (4) *L.* 8, *Cod. eod.* — (5) *L.* 10, *Cod. eod.*

§ 463. Donationis inter vivos species etiam

(*a*) Quamvis eam doctores et ad alios donatores porrigant, *arg. L.* 30, *C. de fideicom.* vid. Andr. Tiraq. *ad L. si unquam. C. de revoc. don.* Lugd. 1574, *fol.*

y a eu stipulation, par l'action de stipulation (1), lorsqu'il n'y a eu qu'un pacte, par une action appelée *condiction de la loi* (2). Le donataire, auquel on a fait une donation à cause de mort, a les mêmes actions qu'un légataire (§ 458 et 639), c'est-à-dire, la revendication, l'action hypothécaire, et une action personnelle en vertu du testament (3).

§ 462. Quoique de sa nature la donation entre-vifs soit irrévocable (§ 460, 3°), cependant elle est révoquée 1° lorsqu'elle est inofficieuse (1); 2° lorsqu'elle excède 500 solides, et qu'elle n'est pas insinuée (2); 3° à cause d'une ingratitude insigne (3); 4° pour survenance d'enfants (4); selon une loi du code qui cependant accorde au patron seul le droit de révoquer la donation (*a*); de même que dans le troisième cas, où l'on poursuit un délit, l'action se donne au donateur seul, et non à ses héritiers (5).

§ 463. Il est encore une espèce de dona-

(*a*) Quoique les jurisconsultes l'étendent à tous les donateurs, à cause de la loi 30, *C. de fideicomm.* Voyez André Tiraqueau, sur la *L. si unquam C. de rev. don.* Lyon, 1574, *fol.*

est *donatio propter nuptias*, seu ἀντιφέρνη, quam ob perpetuum divortii metum maritus uxori vel sponsus sponsæ faciebat in securitatem dotis (1). Quæ donatio I. doti, quoad quantitatem et pacta, fere similis (2); II. uxori constante matrimonio, nec dominium tribuit, nec jus capiendi fructus, sed tantum, III. pignus tacitum in bonis mariti (3).

(1) § 3, *Inst. h. t.*—(2) *L. ult. Cod. de donat. ante nupt. Novel.* 97.—(3) *L.* 29, *Cod. de jur. dot. Nov.* 61, *cap.* 1.

TITULUS VIII.

Quibus alienare licet vel non.

§ 464. Dominii effectus est jus de re suâ disponendi, adeoque et eandem alienandi (§ 335) (1). Contra non dominus, quod non habet dominium in alterum transferre, adeoque et alienare nequit (§ 383) (2). Quia tamen in definitione dominii (§ 335), expressimus limitationem *nisi vel lex, vel conventio, vel testatoris voluntas obsistat*, et præter dominium aliæ quoque sunt juris in re species (§ 334), hinc aliquando evenit, I. ut dominus alienare

(1) § 40, *Inst. de rer. divis.*—(2) *L.* 54, *ff. de reg. jur.* § 40, *Inst. de rer. divis.*

tion entre-vifs, c'est la donation *à cause de noces,* ou *antipherné,* que, dans la crainte perpétuelle du divorce, le mari faisait à sa femme, ou le fiancé à sa fiancée, pour la sûreté de sa dot (1). Cette donation, 1° pour sa quantité et ses conditions, était, à peu près, semblable à la dot (2); 2° pendant le mariage, elle ne donnait à la femme ni la propriété de la chose, ni le droit d'en prendre les fruits, mais seulement 3° un gage tacite sur les biens du mari (3).

TITRE VIII.

A qui il est ou non permis d'aliéner.

§ 464. L'EFFET du domaine est le droit de disposer de sa chose et ainsi de l'aliéner (§ 335) (1). Au contraire, celui qui n'est pas maître ne peut transférer à un autre le domaine qu'il n'a pas, ni par conséquent aliéner la chose (2); mais cependant, comme dans la définition du domaine (§ 335), nous avons mis cette limitation, *à moins que la loi, ou la convention, ou la volonté du testateur ne s'y oppose,* et qu'outre le domaine, il y a d'autres espèces de droit en la chose (§ 334); de là il arrive quelquefois que 1° le maître ne peut nequeat; II. ut non dominus recte alienet. Quæ παράδοξα θήματα, uti Theophilus vocat, tractantur hoc titulo.

§ 465. I. *Nonnunquam dominus rem suam jure non alienat* (§ 364). Nam I. maritus est dominus dotis (§ 336, *) (1). Est enim DOS *pecunia* (§ 311) *data marito ad sustinenda matrimonii onera* (2). Nec tamen per legem Juliam de adulteriis, alienare ei licebat fundum dotalem italicum invitâ uxore, nec eumdem, consentiente eâ, obligare (3). Quin Justinianus, ne consentiente quidem uxore alienationem vel oppignorationem fundi cujuscumque permisit (4), nisi alienatio vel sit necessaria (5), vel in utilitatem uxoris facta (6). Quæ tamen prohibitio non pertinet ad res mobiles (7), nec ad immobiles venditionis caussâ æstimato datas, quarum dominium omnimodo nanciscitur maritus (8).

(1) *Pr. Inst. h. t. L.* 9, *Cod. de rei vind.* — (2) *L.* 56, § 1, *ff. L.* 20, *Cod. de jur. dot.* — (3) Paull. *lib.* 2, *sent. recept. tit.* 24. — (4) *L. unic.* § 15, *Cod. de rei uxor. act. Pr. Inst. h. t.* — (5) *L.* 1. *ff. de fund. dot. L. ult. Cod. eod.* — (6) *L.* 26, *L. ult. ff. de jur. dot.* — (7) *L.* 1, *Cod. de serv. pign. dat. manum.* — (8) *L.* 10, § 4, *ff. L.* 5, *L.* 10, *Cod. de jur. dot.*

§ 466. Denique II. pupillus est dominus rerum suarum, et tamen eas non alienat, nec mutuum recte dat, adeo, ut si dederit, numaliéner; 2° que celui qui n'est pas le maître a le droit d'aliéner. Ces propositions paradoxales, *paradoxa thêmatá*, selon l'expression de Théophile, sont traitées dans ce titre.

§ 465. 1°. *Quelquefois le maître n'a pas le droit d'aliéner sa chose* (§ 364); car 1° le mari est le maître de la dot (§ 336, *) (1): en effet, la dot *est le bien* (§ 311) *donné au mari pour soutenir les charges du mariage* (2). Et cependant, par la loi Julia sur les adultères, il n'était pas permis au mari d'aliéner le fonds dotal, en Italie, malgré la femme; ni de l'engager, même avec son consentement (3). Mais Justinien défendit d'engager, et d'aliéner un fonds dotal quelconque, même avec le consentement de la femme (4), à moins que l'aliénation ne soit nécessaire (5), ou pour l'utilité de la femme (6). Et cependant cette prohibition ne s'étend pas aux meubles (7), ni aux immeubles estimés pour cause de vente, dont le domaine passe entiérement au mari (8).

§ 466. Enfin 2° le pupille est propriétaire de sa chose, et cependant ne peut l'aliéner, ni faire un prêt de consommation; en sorte mi exstantes vindicentur, bonâ fide consumti condicantur, de malâ fide consumtis ad exhibendum agatur (1). Immo pupillo, licet domino, non recte solvitur, nisi auctoritate tutoris, et interposito decreto (2), exceptis usuris intra biennium debitis, et non excedentibus centum solidorum quantitatem (3). Multo minus ergo pupillus recte solvit; et hinc, quod solutum, si extat, vindicatur; sin consumtum, contingit liberatio (4).

(1) § *ult. Inst. h. t.*—(2) § *ult. Inst. h. t.*—(3) *L.* 25 et 27, *Cod. de admin. tut.*—(4) *L.* 14, § *ult. ff. de solut.*

§ 467. II. *Aliquando, qui dominus non est, recte tamen alienat.* Sic enim I. creditor recte alienat pignus, nullâ præmissâ denunciatione, si ita convenerit, ut liceret pignus distrahere (*a*) (1). Nam II. si convenerit, ne ven-

(1) *L.* 4, *ff. de pign. act.*

(*a*) Cave vero hoc *pactum de distrahendo pignore* confundas cum *pacto commissorio*, quo convenit, ut, debito justo tempore non soluto, pignus pleno jure creditori cedat. Illud enim pactum licitum *L.* 7, § *ult. ff. de distr. pign.*; hoc illicitum est *L. ult. C. de pact. pign.*

que s'il en fait un, l'argent, en cas qu'il existe, peut être redemandé par revendication; s'il est consommé de bonne foi, par action personnelle, et s'il est consommé de mauvaise foi, par l'action *ad exhibendum* (1). Bien plus, quoique le pupille soit propriétaire, on ne peut lui payer valablement, si ce n'est avec l'autorisation du tuteur, et en vertu d'un jugement (2), excepté les intérêts de deux ans au plus, et n'excédant pas la somme de cent solides (3). Le pupille a encore moins le droit de payer : d'où il suit que, si ce qui a été payé existe, on peut le revendiquer; s'il est consommé, le débiteur est libéré (4).

§ 467. 2° *Quelquefois celui qui n'est pas propriétaire, a le droit d'aliéner.* Ainsi 1° le créancier peut aliéner le gage sans aucune sommation préalable, si l'on est convenu qu'il serait permis de vendre le gage (*a*) (1). Car, 2° si l'on est convenu qu'on ne le vendrait pas, il

---

(*a*) Ne confondez pas ce *pacte sur la vente du gage* avec le *pacte commissoire*, par lequel on convient que si la dette n'est pas acquittée dans le temps prescrit, le gage appartient de plein droit au créancier : car le premier pacte est licite, *L. 7, § ult. ff. de distr. pign.*; et le dernier est illicite, *L. ult. C. de pact. pign.*

datur, non nisi trinâ præmissâ denunciatione recte distrahit creditor (1). Denique III. si nihil conventum, post denunciationem, et biennium elapsum permittitur distractio, modo ea fiat bonâ fide et solemniter (2). IV. Si res emtorem non invenerit pretio tolerabili, repetitur denunciatio; vel judex debitori absenti præfigit diem, intra quem solvat : quod ni faciat, creditor a principe impetrat dominium, relictâ debitori facultate pignus luendi intra biennium (3).

(1) *D. L. 4, ff. de pign. act. L. 4, Cod. de distr. pign.* — (2) *L. ult. § 1, Cod. de jur. dom. impetr.* — (3) *L. ult. § 2 et 3, Cod. eod.*

§ 468. Deinde II. tutor non est dominus rerum pupilli, et tamen ei licet alienare res pupillares, urgente necessitate, vel jussu parentum, vel aliâ justâ caussâ suadente, et pretiosas quidem, maxime immobiles, cum decreto magistratûs; reliquas, et sine eo (1).

(1) *L. 1, § 2, ff. de reb. cor. qui sub tut. vel. cur. L. 22, Cod. de admin. tut. et cur.*

ne peut le vendre qu'après trois sommations (1); enfin 3° si l'on n'est convenu de rien, après une sommation et un délai de deux ans, l'aliénation est permise, pourvu qu'on la fasse de bonne foi et avec les formalités requises (2); 4° si la chose ne trouve pas d'acheteur, à un prix raisonnable, on réitère les sommations, ou le juge fixe au débiteur absent un terme pour payer : et s'il ne le fait pas, le créancier impètre du prince la propriété de la chose, laissant au débiteur la faculté de purger le gage, pendant deux ans (3).

§ 468. Enfin, 2° le tuteur n'est pas propriétaire des biens du pupille, et cependant il lui est permis d'aliéner ce qui appartient au pupille, dans une nécessité urgente, ou sur avis de parents, ou pour une juste cause; et il le peut, quant aux objets précieux et surtout aux immeubles, en vertu d'un jugement; quant aux autres, sans jugement (1).

TITULUS IX.

Per quas personas cuique adquiritur.

§ 469. Adquiritur nobis non solum per nos ipsos, sed et per res nostras (§ 354).

§ 470. Quum ergo et filiifamilias (§ 135 *seq.*) et servi Romanorum (§ 77), tanquam res mancipi, essent in dominio quiritario parentûm et dominorum: consequens erat, I. ut quidquid adquirerent servi, ejus *proprietatem* adquirerent dominis, etiam ignorantibus et invitis (*a*) (1): *possessionem* extra peculium, scientibus et volentibus (2): *hereditatem* tantum jubentibus (3), et quidem, si domini essent

(1) § 3, *Inst. h. t.* — (2) *L.* 34, § *ult. L.* 44, § 1, *ff. de acquir. possess.*—(3) § 3, *Inst. h. t.*

(*a*) Quamvis enim et servis concederetur peculium, id tamen profectitium erat indistincte, quia dominus omnia eripere potuisset. Itaque hoc peculium semper erat in dominio heri, qui vel liberiorem vel adstrictiorem ejus administrationem servo permittebat pro lubitu, *L.* 7, § 1, *ff. de pecul. L.* 20, *ff. de jurejur.* Terent. *Phorm. act. scen.* 1, *v.* 7 *seq.*

TITRE IX.

Par quelles personnes chacun acquiert.

§ 469. Nous acquérons non-seulement par nous-mêmes, mais aussi par les choses qui nous appartiennent (§ 354.)

§ 470. Et puisque les fils de famille (§ 135 *et suiv.*) et les esclaves des Romains (§ 77), comme choses de mancipation, étaient dans le domaine quiritaire de leurs pères et de leurs maîtres, il s'en suivait 1° que lorsque les esclaves acquéraient une chose quelconque, ils acquéraient pour leurs maîtres la *propriété*, même à leur insu et malgré eux (*a*) (1); la *possession*, excepté dans le pécule, à leur connaissance et volonté (2); une *hérédité* par leur ordre (3); et, s'il y avait plusieurs maîtres, en commun, pour

---

(*a*) En effet, quoique l'on accordât un pécule même aux esclaves, ce pécule était profectif sans distinction, parce que le maître aurait pu tout enlever. C'est pourquoi ce pécule était toujours dans le domaine du maître, qui laissait à l'esclave une administration plus libre ou plus restreinte, à son gré, *L.* 7, § 1, *ff. de pecul. L.* 20, *ff. de jurejur.* Térence, *Phorm. act.* 1, *scène* 1, *v.* 7 *et suiv.*

plures, singulis pro ratâ dominii, nisi uni speciatim stipulatus esset servus (*a*).

§ 471. Quamvis vero servi fructuarii non sint nostri (§ 416), nec ingenui bonâ fide possessi servi sint (§ 91, IV *et* V.): tamen II. et hi nobis adquirunt operis suis et e re nostrâ. Reliqua enim proprietario vel sibi adquirunt; nisi quædam contemplatione fructuarii, aut bonæ fidei possessoris relicta censeantur (1).

(1) § 4, *Inst. h. t. L.* 21, 22, 23, *ff. de usufr.*

§ 472. Ex statu porro liberorum (§ 136) fluit, III. quidquid a filio filiâve familias adquiritur, id omne adquiri patri. Et eo jure indistincte utebantur veteres (1).

(1) Sext. Empir. *Pyrrhon. hypot.* 3, 34. Sen. *de Benef.* 7, 4. Dyonis. Halicarn. *Antiq. rom. lib.* 8.

§ 473. Quemadmodum vero reliqua parentûm jura sensim imminuta esse novimus (§ 140), ita idem circa jus adquirendi per liberos contigit, introductis postea peculiis. Peculium vero est *pusilla pecunia, quam filiusfamilias vel servus a rationibus paternis vel dominicis*

(*a*) Quid hodie obtineat in hominibus propriis supra occupavimus (§ 85).

chacun au prorata de sa part, à moins que l'esclave n'eût spécialement stipulé pour un seul (*a*).

§ 471. Quoique les esclaves, dont nous avons l'usufruit, ne soient pas nôtres (§ 416), et que les ingénus, possédés par nous de bonne foi, ne soient pas esclaves (§ 91, 4° *et* 5°), cependant 2° ils acquièrent pour nous, ce qu'ils acquièrent par leur travail et à l'occasion de notre chose ; le reste ils l'acquièrent au propriétaire ou à eux-mêmes : à moins que certaines choses ne soient censées avoir été laissées en contemplation de l'usufruitier ou du possesseur de bonne foi (1).

§ 472. De l'état des fils de famille (§ 136), il suit 3° que tout ce qui est acquis par un fils ou une fille de famille, est acquis au père. Tel était, sans distinction, le droit ancien (1).

§ 473. De même que les autres droits des pères ont été, comme nous savons, peu à peu diminués (§ 140) la même chose est pareillement arrivée au droit qu'ils avaient d'acquérir par le fils de famille, après l'introduction successive des pécules. Un *pécule est une modique quantité de biens, que le fils de famille ou l'es-*

(*a*) Le droit actuel, sur les hommes que l'on a en propre, a été exposé plus haut (§ 85.)

separatam habet (1); idque in MILITARE et PAGANUM; illudque iterum in CASTRENSE et QUASI-CASTRENSE; hoc in PROFECTITIUM et ADVENTITIUM dividitur.

(1) *L.* 5, § 3 *et* 4, *ff. de pecul.*

§ 474. Peculium CASTRENSE (cujus origo eadem videtur, ac testamenti militaris) (1), complectitur *omnia, quæ filiusfamilias occasione militiæ sagatæ adquisivit* (2); eoque pertinet, quod pater filio in militiam eunti donat, hereditas a commilitone relicta, etiam a fratre in iisdem castris militante; quidquid porro captum ab hostibus, vel ex pecuniâ castrensi emtum (*a*) (3).

(1) *L.* 1, *pr. ff. de testam. mil.* — (2) *L.* 11, *ff. de castr. pecul.* — (3) *L.* 4, *pr. ff. L.* 4, *Cod. eod.*

§ 475. QUASI-CASTRENSE, prioris ad exemplum inventum (*b*), *quod filiusfamilias occa-*

(*a*) Peculium enim est universitas, *L.* 20, § 10, *ff. de her. petit.* In universitate vero res succedit in locum pretii.

(*b*) Et quidem haud paullo ante Justinianum, uti *ex L.* 52, § 8, *ff. pro soc.*, colligit Ant. Schulting. *Jurispr. Antejust. pag.* 470. Unde merito refellit Franc. Balduinum, qui *in Justiniano, lib.* 3, ubicumque mentio fit hujus peculii, Triboniani manum sibi deprehendere visus est.

clave possède, séparée de ce qui appartient au père ou au maître (1). Le *pécule* est *militaire* ou *civil;* le pécule militaire se divise en *castrans* et *quasi-castrans;* le pécule civil en *profectif* et *adventif.*

§ 474. Le *pécule castrans* (dont l'origine paraît la même que celle du testament militaire) (1), comprend *tout ce que le fils de famille acquiert à l'occasion de ses travaux guerriers* (2). On y rapporte ce que le père donne à son fils allant à la guerre, l'hérédité laissée par un compagnon d'armes, même par un frère servant sous le même drapeau; tout ce qui est pris sur l'ennemi, ou acheté avec l'argent du pécule castrans (*a*) (2).

§ 475. Le *pécule quasi-castrans*, imaginé à l'instar du premier (*b*), est *celui que le fils de*

(*a*) En effet, le pécule est une universalité, *L.* 20, § 20, *ff. de her. petit.*; et dans une universalité, la chose prend la place du prix.

(*b*) Et cela quelque temps même avant Justinien, comme, d'après la loi 52, § 8, *ff. pro soc.*, l'a démontré Ant. Schulting. *Jurispr. Antejust. pag.* 470; ainsi c'est avec raison qu'il réfute Franç. Baudouin, qui, dans son *Justinien, liv.* 3, croit trouver, partout où il est fait mention de ce pécule, une insertion de Tribonien.

sione militiæ togatæ adquirit (1). Quo referuntur sumtus, a patre in studia filii facti, adquisita ex advocatione vel aliarum artium liberalium exercitio (2); itemque donata a principe vel Augustâ (3).

(1) *L.* 14, *de advoc. divers. judic. L.* 6, *ff. de re judic. L. fin Cod. de inoff. test.*—(2) *L. ult. Cod. de inoff. test.*—(3) *L.* 7, *Cod. de bon. quæ lib.*

§ 476. Peculium PROFECTITIUM est, *quod e re patris proficiscitur, vel occasione et contemplatione patris filio obvenit* (1).

(1) § 1, *Inst. h. t.*

§ 477. ADVENTITIUM denique est, *quod ex aliâ caussâ, veluti liberalitate matris, aliorumve, vel proprio labore, vel prosperâ fortunâ filio adquiritur* (1).

(1) § 1, *Inst. h. t.*

§ 478. Peculium *castrense* et *quasi-castrense* pleno jure est filii (1); adeoque I. in eo pro patrefamilias habetur (2); et II. de eo inter vivos et mortis caussâ libere disponit (3), immo id et ad heredes ab intestato transmittit (*a*) (4).

(1) *Pr. Inst. quib. non est perm. fac. test. L.* 6, *Cod. de bon. quæ lib.* — (2) *L.* 2, *ff. de SC. Maced.* — (3) *L.* 3, *Cod. de castr. pecul.* — (4) *Pr. Inst. quib. non est perm. facer. test.*

(*a*) Secus ac olim, quum pater bona filii mortui castrensia jure peculii occuparet, *L.* 2, *ff. de castr. pecul.*

famille acquiert à l'occasion de ses travaux civils (1) : à quoi l'on rapporte les dépenses faites par le père pour les études de son fils, ce qu'il a acquis dans la profession d'avocat, ou dans l'exercice des autres arts libéraux (2); et ce qui a été donné par l'empereur ou l'impératrice (3).

§ 476. Le *pécule profectif* est *celui qui vient de la chose du père, ou qui arrive au fils, à l'occasion ou en contemplation du père* (1).

§ 477. Enfin le *pécule adventif* est *celui qui vient au fils de famille de toute autre cause*, par exemple, *de la libéralité de sa mère ou des autres, ou de sa propre industrie, ou des dons de la fortune* (1).

§ 478. Les *pécules castrans* et *quasi-castrans* appartiennent au fils en pleine propriété (1); et ainsi 1° il est pour ces biens là regardé comme père de famille (2); 2° il en dispose librement entre-vifs, et à cause de mort (3), et il les transmet *ab intestat* à ses héritiers (*a*) (4).

(*a*) Et cela à la différence d'autrefois, quand le père, à la mort de son fils, prenait ses biens castrans, à titre de pécule, *L.* 2, *ff. de castr. pecul.*

§ 479. *Profectitium* pleno jure patris est (*a*) (1); adeoque sola filio relinquitur administratio; qui tamen eo fruitur, idque retinet, I. bonis paternis publicatis (2); et II. post emancipationem, si pater non ademerit (3).

(1) § 1, *Inst. h. t.*—(2) *L.* 3, § 4, *in fin. ff. de minor* —(3) *L.* 31, § 2, *ff. de donat.*

§ 480. Peculii denique *adventitii* proprietas ordinarie est penes filium; ususfructus et administratio penes patrem, quoad vivit (1).

(1) § 1, *Inst. h. t. L.* 6, *L. ult.* § 5, *Cod. de bon. quæ lib.*

§ 481. *Ordinarie*, inquam. Nam nonnunquam peculium adventitium pleno jure fit filii, I. si filius renuente patre hereditatem adierit (1), II. si filio eâ conditione quid donatum relictumque sit, ne pater usumfructum habeat (2); III. si filius una cum patre succedat fratri germano (3); IV. si pater in bonis filio restituendis dolose versatus sit (4). Hinc id peculium ad-

(1) *L. ult.* § 1, *Cod. de bon. quæ lib.*—(2) *Novel.* 117, *cap.* 1.—(3) *Novel.* 118, *cap.* 2.—(4) *L.* 50, *ff. ad SC. Trebell.*

(*a*) Ratio hujus juris arcessenda ex unitate personæ. Quum enim pater et filius pro unâ personâ habeantur (§ 139, V) : consequens est ut pater filio donare nequeat (§ 458). Ideoque, quidquid a patre in filium proficiscitur, patris manet. § 1, *Inst. h. t.*

§ 479. Le *pécule profectif* appartient en pleine propriété au père (*a*) (1), et par conséquent le fils n'en a que l'administration, et cependant il en jouit et le conserve, 1° lorsque les biens du père sont confisqués (2); et 2° après l'émancipation, si le père ne le lui a pas ôté (3).

§ 480. Enfin, la propriété du pécule adventif appartient ordinairement au fils; l'usufruit et l'administration au père, tant qu'il vit (1).

§ 481. Nous disons *ordinairement;* car quelquefois le pécule adventif appartient en pleine propriété au fils, 1° si le fils a, malgré son père, accepté une succession (1); 2° si l'on a donné ou laissé quelque chose au fils, à condition que le père n'en aurait pas l'usufruit, (2); 3° si le fils succède, conjointement avec son père, à ses frères germains (3); 4° si le père a agi de mauvaise foi à l'égard des biens qu'il doit restituer à son fils (4) : de là les

(*a*) Il faut chercher la raison de ce droit dans l'unité de personne. Car le père et le fils étant regardés comme une seule et même personne, (§ 139, 5°), il suit que le père ne peut donner à son fils (§ 458); c'est pourquoi tout ce qui va du père au fils continue d'appartenir au père, § 1, *Inst. h. t.*

ventitium doctoribus IRREGULARE, EXTRAORDINARIUM, PLENUM; alterum, de quo § 480, REGULARE, ORDINARIUM, MINUS PLENUM adpellatur.

§ 482. Quia ergo tantum per filiosfamilias et servos nostros nobis adquiritur (§ 469 *seq.*), de ceteris valet axioma: *Alii per alium adquiri nequit.* Attamen ex mandato nostro per procuratorem nobis et dominium et possessio adquiri potest (1).

(1) § 5, *Inst. h. t.*

TITULUS X.

De Testamentis ordinandis.

§ 483. RELIQUIS modis adquirendi singularibus per legata et fideicommissa (§ 437), ad finem libri hujus secundi rejectis, imperator transit ad civiles universales (§ 436), quorum primus est HEREDITAS.

§ 484. *Hereditatum* duplex conditio est. Nam ex jure civili romano vel EX TESTAMENTO vel AB INTESTATO ad nos pertinent (1), quarum illa hanc excludit (2).

(1) § 6, *Inst. per quas pers. cuique adq.* — (2) *L.* 39, *ff. de adquir. hered.*

§ 485. Quum vero præcipua sit successio

jurisconsultes appellent ce pécule adventif *irrégulier, extraordinaire, plein;* et l'autre, dont il s'agit dans le § 480, *régulier, ordinaire, incomplet.*

§ 482. Comme on ne peut acquérir que par ses fils de famille et ses esclaves (§ 469 *et suiv.*), à l'égard des autres personnes, on suit cette règle : *on ne peut acquérir par un autre.* Cependant, en vertu de notre mandat, un procureur fondé peut nous acquérir et la propriété et la possession (1).

TITRE X.

De la Confection des Testaments.

§ 483. Justinien rejetant à la fin de ce second livre, les manières d'acquérir à titre singulier, par legs, et fidéi-commis (§ 437), passe aux manières d'acquérir à titre universel, par le droit civil (§ 436) : la première est l'*hérédité.*

§ 484. Il y a deux sortes d'*hérédités.* Selon le droit civil romain, elles sont ou *testamentaires* ou *ab intestat* (1). La première exclut la seconde (2).

§ 485. La succession testamentaire ayant la

testamentaria, et quandiu successor ex testamento speratur, ab intestato heredibus locus non detur (§ 484), merito ejus rei caussa ab origine arcessenda est, maxime quum alioquin expediti juris sit, jus publicum privatorum voluntate mutari non posse (1).

(1) *L.* 38, *ff. de suis et legit. hered.*

§ 486. Successio omnis jure romano erat legitima : et hinc non nisi novâ lege mutari poterat. Nihil enim tam naturale est, quam eo genere quidvis dissolvi quo erat colligatum (1). Itaque et leges de successione intestatorum novâ lege tollebantur, dum in comitiis calatis rogabatur populus, velitne jubeatne, ut Lucius Titius Lucio Valerio tam jure legeque heres sit, quam si filius ejus proximusve heres esset (2). Et hæc sunt TESTAMENTA IN COMITIIS CALATIS FACTA, (3). Unde et postea semper mansit principium, *testamenti factionem esse juris publici* (4).

(1) *L.* 35, *ff. de reg. jur.* — (2) Gell. *Noct. Attic. lib.* 5, *cap.* 27. — (3) § 1, *h. t.* — (4) *L.* 3, *ff. qui testam. facer. poss.*

§ 487. Postea legibus XII Tabularum cautum fuerat : PATERFAMILIAS UTI LEGASSIT SUPER FAMILIA, PECUNIA, TUTELA VE SUÆ REI, ITA JUS ESTO (§ 208). Quum vero privata vopréférence, et la succession *ab intestat* n'ayant pas lieu tant que l'on espère un héritier testamentaire (§ 484), il faut examiner la raison de ce privilége, d'autant plus qu'il est de principe, que la volonté des particuliers ne peut déroger au droit public (1).

§ 486. Toute succession en droit romain était légitime. Ainsi elle ne pouvait être changée que par une loi nouvelle. Rien de plus naturel, en effet, que de détruire une chose par le moyen qui l'a établie (1). C'est pourquoi les lois sur la succession de ceux qui mouraient intestats, se trouvaient abrogées lorsque dans les comices assemblés le testateur demandait au peuple de vouloir et ordonner que tel citoyen nommé par le testateur, serait son héritier aussi légalement et aussi légitimement que s'il eût été son fils ou son plus proche héritier (2); et tels étaient les *testaments faits dans les comices assemblés* dont parlent les Institutes (3); de là a toujours subsisté depuis le principe que *la faction de testament est de droit public* (4).

§ 487. Ensuite la loi des XII Tables avait dit : *Ce qu'un père de famille aura ordonné sur sa famille, son bien ou la tutèle de sa chose, fera loi* (§ 208). Et comme une volonté luntas leges de sucessione tollere non posset, fingebant jureconsulti, qui actiones legis componebant (§ 68), hereditatem veluti inter vivos alienari (1).

(1) Bynkersh. *Obs. lib.* 2, *cap.* 2.

§ 488. Quum itaque hereditas esset res mancipi (§ 330, *), res mancipi vero mancipatione transferrentur (§ 336), testamenta condi jusserunt PER ÆS ET LIBRAM. Constituebatur ergo *familiæ emtor*, cui testator, præsentibus *quinque testibus* civibus romanis, *antestato et libripende* familiam vel hereditatem venderet (1), additâ nuncupatione solemni: *Hæc uti in his tabulis cerisve scripta sunt, ita do, ita lego, ita testor; itaque vos, Quirites, testimonium præbitote* (2).

(1) Gell. *lib.* 15, *cap.* 26. — (2) Ulp. *Fragm. tit.* 20, § 9.

§ 489. Quemadmodum porro PRÆTOR sæpe jus civile sub æquitatis specie mutabat (§ 65), ita et secundum tabulas dabat bonorum possessionem, dum septem testes eas signassent (*a*) (1).

(1) § 2, *Inst. h. t.*

(*a*) Quinque enim testes adhibebantur more in mancipationibus recepto (§ 488), reliqui duo libripendem, et antestatum repræsentabant. Antiquum esse hoc testamentum, et Ciceronis temporibus anterius, patet ex Cic. *in Verr.* 1, *cap.* 45.

privée ne pouvait anéantir les lois sur les successions, les jurisconsultes qui composaient les *actions de la loi* (§ 68), supposaient par fiction que l'hérédité était comme vendue entre-vifs (1).

§ 488. Ainsi comme l'hérédité était une chose de mancipation (§ 330, *), que les objets de cette nature se transféraient par la mancipation (§ 336), ils firent faire les testaments *par la pièce de cuivre et la balance*. Il y avait donc un *acheteur de la famille*, à qui le testateur, en présence de *cinq témoins*, citoyens romains, de l'*interrogateur* et du *porte-balance*, vendait la famille et l'hérédité (1), en ajoutant cette déclaration solennelle : *C'est ainsi, selon ce qui est écrit sur ces tablettes, que je donne, que je lègue, que je teste ; vous, citoyens, je vous prends à témoins* (2).

§ 489. Et comme souvent le préteur, sous prétexte d'équité, changeait le droit civil (§ 65), de même il donnait aussi la possession selon les tables, pourvu que sept témoins y eussent mis leur cachet (*a*) (1).

(*a*) En effet, on employait cinq témoins, selon l'usage reçu dans les mancipations (§ 488). Les deux autres représentaient le porte-balance et l'interrogateur. Ce testament est ancien et antérieur aux temps de Cicéron, comme nous l'apprenons de lui dans son premier discours contre Verrès, *ch.* 45.

§ 490. Usu demum et constitutionibus principum invaluit nova testandi ratio, quæ tamen fere veteribus nititur principiis, adeoque TESTAMENTUM ex ritu antiquo, edicto prætoris et constitutionibus principum conflatum (*a*), jam nihil aliud est, quam *voluntatis nostræ justa sententia, de eo, quod quis post mortem suam fieri velit* (1).

(1) *L.* 1, *ff. qui testam. facer. poss.*

§ 491. Quum ergo testamentum sit voluntatis nostræ sententia, de eo, quod quis post mortem suam fieri velit (§ 490), vel ut imperator, stoicam allusionem (§ 82, *) pro etymologiâ sequutus, ait, *testatio mentis* (1), sequitur I. ut quis vel scripto testari possit, vel per nuncupationem. Unde distinctio testamenti in SCRIPTUM *et* NUNCUPATIVUM; II. ut de universitate omnium bonorum testari, adeoque III. nec pro parte testatus, pro parte intestatus (2); nec IV. cum duobus pluribusve testamentis decedere (3); et hinc V. voluntatem suam semper mutare et prius testamentum posteriori

(1) *Pr. Inst. h. t.* — (2) *L.* 7, *ff. de reg. jur.* § 5, *Inst. de hered. Inst.* — (3) *L.* 19, *Cod. de test. milit.*

(*a*) Et quidem temporibus Theodosii junioris. Vid. Jac. Gothfr. *ad L.* 1, *C. Th. de test. et codic. tom.* 1, *p.* 334 *sequ.*

§ 490. Enfin, par l'usage et les constitutions des princes, fut introduite une nouvelle manière de tester, qui cependant est à peu près fondée sur les anciens principes. Ainsi le *testament* composé d'après le rit ancien, l'édit du préteur et les constitutions des princes (*a*), n'est plus maintenant que la déclaration *légalement manifestée* par une personne sur ce qu'elle *veut qui soit fait après sa mort* (1).

§ 491. Un testament étant la volonté manifestée par une personne, sur ce qu'elle veut qui soit fait après sa mort (§ 490) ou, comme dit l'empereur, en suivant une allusion stoïque (§ 82, *) pour l'étymologie, *la déclaration de l'intention* (testatio mentis) (1), il suit 1° qu'un testament peut être fait par écrit ou de vive voix. De là la distinction du testament en *écrit* et *noncupatif*; 2° que l'on teste pour l'universalité des biens; ainsi 3° qu'on ne peut décéder en partie *testat*, en partie *intestat* (2); 4° qu'on ne peut pas décéder avec plusieurs testaments (3); et d'après cela, 5° qu'on peut toujours changer sa volonté et révoquer un

---

(*a*) Et cela même dès le temps de Théodose le jeune. Voyez Jacques Godefroi, *ad L.* 1, *C. Th. de test. et codic. tom.* 1, *pag.* 334 *et suiv.*

tollere possit (1). V. Ut integritas mentis exigatur in eo qui testamentum condit (2).

(1) *L.* 4, *ff. de adim. legat.* (2) *L.* 2, *ff.* et *L.* 3, *Cod. qui test. facer. poss.*

§ 492. Quumque deinde sit *justa*, id est solemnis, voluntatis nostræ sententia (§ 490); consequens est, VII. ut solemnitates omnes observari oporteat, nullaque sine periculo nullitatis possit prætermitti (1).

(1) *L.* 17, *L.* 23, *Cod. de fideicomm.*

§ 493. Solemnitates vel *internæ* sunt, vel *externæ*. Interna est heredis idonei legitima institutio (2). Eaque fiebat verbis directis vel imperativis (1), veluti: *Titius heres esto*; precativa enim vel obliqua plerisque improbata (2), sed hodie quævis verba sufficiunt (3).

(1) § 34, *Inst. de legat. L.* 1, § 3, *ff. de hered. Inst.* — (2) Ulp. *Frag. tit.* 21, § 1, — (3) *L.* 15, *Cod. de test.*

(*a*) Quia enim testamenta vetutissimis temporibus erant leges in comitiis calatis latæ (§ 486): hanc legum indolem testamenta etiam sequiore ævo retinuerunt, nec nisi verbis imperativis facta sunt, Cujac. *Obs. lib.* 11, *cap.* 35. Hinc testamentum dicitur νόμος, *lex. Excerpt. de legation. p.* 62; testari, νομοθετεῖν, *legem ferre*, Chrysost. *serm.* 1, *in act. Apost. p.* 615, *Nov.* 22, *cap.* 2. Quin. *legare*, quo vocabulo decemviri usi, ab Ulp. *Fragm. tit.* 24, § 1; exponitur, *legis modo*, id est, *imperative, testamento relinquere.*

premier testament par un autre postérieur (1); 6° que celui qui fait son testament doit jouir de toute sa raison (2).

§ 492. Ensuite cette volonté étant manifestée *légalement*, c'est-à-dire avec les solennités requises (§ 490); il suit 7° qu'il faut observer toutes ces solennités, et qu'aucune ne peut être omise sans encourir la nullité (1).

§ 493. Les solennités sont *internes* ou *externes*. La solennité interne est l'*institution* légitime d'un héritier qui réunit les qualités requises (1); et elle se faisait en termes directs et impératifs, par exemple (*a*), que *Titius soit mon héritier*. L'institution en termes précatifs ou indirects était rejetée du plus grand nombre (2), mais aujourd'hui il suffit d'une expression quelconque (3).

(*a*) En effet, comme dans les temps les plus reculés les testaments étaient des lois portées dans les comices (§ 486), les testaments, dans les siècles postérieurs, ont retenu ce caractère de loi, et ne se faisaient qu'en termes impératifs, Cujas, *Obs. liv.* 11, *ch.* 35. C'est de là qu'on a dit pour testament, *nomos, une loi*, *Excerpt. de legation.*, *p.* 62; pour tester, *nomothetein*, *porter une loi*, Chrysostom., *serm.* 1, *in act Apost.*, *p.* 615, *Nov.* 22, *ch.* 2. Bien plus, le mot *léguer*, dont les décemvirs se sont servis, est expliqué par Ulpien, *Fragm. tit.* 24, § 1, dans le sens de *laisser par testament*, *à la manière de la loi*, c'est-à-dire *impérativement*.

§ 494. Solemnitates *externæ* exiguntur plures, veluti I. ut testamenta fiant *uno contextu* (*a*), id est, actu testandi continuo et non interrupto (1), necquoquam, quod ad testandi actum non pertinet, veluti contractu, intermixto (2).

(1) *L.* 28, *Cod. de test.*—(2) *L.* 20, *ff. de verb. signif.*

§ 495. II. Ut septem adsint testes (§ 489 *); specialiter rogati (*b*) (1); testatorem videntes (2); quibuscum est testamenti factio (*c*) (3). Unde

(1) *L.* 21, § *penult. ff. qui test. fac. poss.*—(2) *L.* 9, *Cod. de test.*—(3) § 6, *Inst. de test. ord.*

(*a*) Quia enim testamenta olim condita in comitiis calatis (§ 486), in comitiis autem interruptis nihil actum credebatur, Cic. *ad Quint. fratr. Lib.* 3, *Epist.* 3; idem mos etiam in testamentis videbatur observandus.

(*b*) Quia et in comitiis calatis solemnis præmittebatur rogatio : VELITIS, JUBEATIS, QUIRITES (§ 486).

(*c*) Cave hic intelligas vel testamenti factionem *activam*, vel *passivam*, vel utramque simul. Non *activam*, quia filius familias testis esse, nec tamen testari potest : non passivam, quia impubes heres institui, nec tamen testamento testis adesse potest; nec utramque, quia mulier et testamentum condit, et heres recte instituitur, nec tamen hic recte testimonium perhibet. Tu dic, cui non liceret inter-

§ 494. On exige plusieurs solennités *externes*, savoir 1° que le testament se fasse *d'un seul contexte* (*a*), c'est-à-dire, que ce qui constitue l'action de tester soit fait de suite et sans interruption (1); et sans y entremêler aucun acte étranger à l'action de tester, comme un contrat (2).

§ 495. 2° Qu'il doit y avoir sept témoins présents (§ 389 *) spécialement convoqués (*b*) (1), voyant le testateur (2), ayant la faction de testament (*c*) (3). Ainsi, ni une

---

(*a*) Parce qu'autrefois les testaments se faisaient dans l'assemblée des comices (§ 486) et que leurs actes étaient nuls, s'ils étaient interrompus, Cic, *ad. Quint. fratr. liv.* 3, *Epit.* 3. On a cru devoir observer le même usage dans les testaments.

(*b*) Parce que dans les comices on prononçait cette formule : *Veuillez, ordonnez, citoyens* (§ 486).

(*c*) Il ne faut entendre ici ni la faction *active* de testament, ni la faction *passive*, ni toutes deux réunies. Ce n'est pas la faction *active*, car le fils de famille peut être témoin, et cependant ne peut pas faire un testament; ce n'est pas la faction *passive*, car un impubère peut être institué héritier, et cependant ne peut être témoin dans un testament; ce n'est pas la faction *active* et *passive* réunies, car une femme peut faire un testament, et être instituée héritière, mais ne peut pas être ténec mulier (1), nec impubes, nec servus (2), nec furiosus, nec mutus, nec surdus, nec cæcus, nec prodigus, nec improbus et intestabilis, id est, ob carmen famosum damnatus (3), testamento tanquam testes adesse possunt (4). Oportet etiam testes nec heredes, nec in potestate testatoris, nec in potestate heredis vel eidem conjunctos esse (5). Ipsorum testium inter se conjunctio non nocet (6).

(1) *D.* § 6, Gell. *lib.* 5, *cap.* 10.—(2) *L.* 20, § 6, 7, *ff. qui test. fac. poss.* - (3) *L.* 21, *ff. de test. L.* 18, § 1, *ff. qui test. fac. poss.*—(4) *D.* § 6, *Inst. h. t.*—(5) § 9 *et* 10, *Inst. h. t. L.* 20, *pr. et* § 1, *ff. qui test. fac. poss.*—(6) § 8, *Inst. h. t. L.* 17, *ff. de test.*

§ 496. Hæ solemnitates testamento nuncupativo et scripto communes sunt. In scripto præterea requiritur, III. ut testator vel ipse scribat tabulas, (quod testamentum *holographum* vocatur), vel iisdem subscribat (*a*), vel, si scribere nesciat, octavum testem eum in

---

esse comitiis calatis, cum eo non fuisse testamenti factionem, nec eum testem esse potuisse in testamento. Unde male Theophilus : ὅιτινες ὑφ' ἡμῶν δύνανται κληρονόμοι γράφεσθαι, καὶ γράφειν ἡμᾶς. *Qui et à nobis heredes institui, et nos instituere possunt.*

(*a*) Addiderat Justinianus, ut et testator vel testes nomen heredis suâ manu exprimerent, § 4, *Inst.*

femme (1); ni un impubère, ni un esclave (2), ni un furieux, ni un sourd, ni un aveugle, ni un prodigue, ni celui qui est infâme et incapable de tester, c'est-à-dire, l'individu condamné pour des libelles (3), ne peuvent être témoins d'un testament (4). Il faut aussi que les témoins ne soient ni héritiers, ni sous la puissance du testateur, ni sous la puissance de l'héritier, ni ses parents (5). Mais la parenté entre les témoins n'est pas un obstacle (6).

§ 496. Ces solennités sont communes au testament *noncupatif* et au testament *écrit*. Dans les testaments écrits, on exige en outre, 3° que le testateur lui-même écrive le testament, (ce qu'on appelle testament *olographe*), ou le signe (*a*); ou bien, s'il ne sait pas signer,

---

moin dans un testament. Il faut dire que celui qui ne pouvait pas entrer dans l'assemblée des comices, n'avait pas cette faction de testament, et ne pouvait pas être témoin dans un testament. C'est donc à tort que Théophile dit : *oitînes uph' émôn dunantai cléronomoi grapheslhai, kai graphein émas. Ceux qui peuvent être institués par nous, et nous instituer.*

(*a*) Justinien avait ajouté que le testateur ou les témoins écriraient de leur main le nom de l'hérifinem adhibeat, pro testatore subscripturum (1).

(1) *L.* 28, § 1, *Cod. de testam.*

§ 497. Denique IV. requiritur, ut et testes subscribant, et tabulis signacula (§ 489), sive suo, sive alieno annulo, aliove instrumento expressa (*a*) adponant (1).

(1) § 3, *Inst. h. t. L.* 22, § 2, 5, 7, *et L.* 30, *ff. qui test. facer. poss. L.* 12, *Cod. de test.*

§ 498. Parum vero interest, quâ linguâ, quibusve verbis quis testetur (1), quâve in materiâ, (cerâ, chartâ, an membranâ) scribat (2): dummodo litteris, non notis, testamentum perscribatur (3), nec charta deletitia (*b*) vel ὀπισθόγραφος, cui alioquin ultima

(1) *L.* 21, § *ult. L.* 15, *Cod. de test.*—(2) § 12, *Inst. de test. ord. L.* 1, *L.* 4, *ff. de bon. poss. sec. tab.* —(3) *L.* 6, § *ult. ff. de bon. poss.*

---

h. t. L. 29, *C. de testam.*; sed eam solemnitatem ipse postea sustulit, *Nov.* 119, *cap.* 9.

(*a*) Ita sane hodie. Signacula enim testium moribus hodiernis penitus ubique in desuetudinem abiisse, uti visum Gudelino *de jure noviss. lib.* 2, *tit.* 5, experientiæ adversatur. Perinde vero habetur in universâ Germaniâ sive quis annulo, sive typario, signet, modo χαρακτῆρα expressum habeat, quamvis *L.* 22, § 5, *ff. qui test. fac. poss.*, ex subtili juris ratione annulum præcise exigat; nec ea emendatione mutanda videatur.

(*b*) Charta *deletitia* est, e quâ, quod antea insqu'il appelle un huitième témoin, afin de signer pour le testateur (1).

§ 497. Enfin on exige, 4° que les témoins signent et apposent un cachet (§ 489), avec l'empreinte, soit d'un anneau à eux ou à autrui, soit de tout autre instrument (*a*) (1).

§ 498. Peu importe en quelle langue et en quels termes on fait un testament (1), sur quelle matière, (soit de la cire, du papier ou de la peau) (2), pourvu que le testament soit écrit en toutes lettres, et non en notes abrégées (3); et que le papier gratté (*b*), ou déjà écrit par derrière, et sur lequel on peut du-

---

tier, § 4; *Inst h. t. L.* 29, *C. de testam.*; mais ensuite il a retranché cette solennité. *Nov.* 119, *ch.* 9.

(*a*) C'est ce qu'on pratique aujourd'hui. Car dire que, par l'usage actuel, les cachets des témoins ne sont plus employés, comme le prétend Gudelin, *de jur. noviss. liv.* 2, *tit.* 5; cela est contraire à l'expérience. Dans toute la Germanie, il est indifférent que l'on se serve d'un anneau ou d'un cachet, pourvu qu'il ait une empreinte marquée, quoique la loi 22, § 5, *ff. qui test. fac. poss.*, d'après une raison subtile de droit, exige précisément un anneau, et ne semble pas permettre cet amendement.

(*b*) *Charta deletitia* est un papier sur lequel on

voluntas inscribi potest (1), litteras confundat.

(1) *L.* 4, *ff. de bon. poss. sec. tab.*

§ 499. In *nuncupativo* testamento (§ 491), requisita § 496 exposita, exsulant, sufficitque, si testator coram septem testibus idoneis et rogatis, testatoremque videntibus et intelligentibus, ultimam voluntatem vivâ voce eloquatur (1). Nec mutatur testamentum nuncupativum in scriptum, si vel maxime ea nuncupatio in scripturam memoriæ caussâ redacta fuerit (2).

(1) § 14, *Inst h. t. L.* 21, *pr.* § *penult. ff. qui test. fac. poss. L.* 21, § 2, *L.* 26, *Cod. de test.* — (2) Sichard. *in L.* 21, § 2, *Cod. de testam.*

§ 500. Testamenta sollemnia etiamnum in Germaniâ immo et in Frisiâ nostrâ, conduntur. Sed rarius tamen ea fiunt privatim: sæpius vel judice cum scabinis et scribâ, vel tabellione cum testibus adhibito. Sæpissime testamenta domi scripta offeruntur principi vel magistra-

---

criptum, deinde erasum est, Brisson, *de verb. sign. voce* DELETITIA. Ὀπισθόγραφος *charta*, cujus jam litteris impletæ tergo aliud quid inscribitur, Voss. *Etymol. h. v.* Savaron. ad Sidon. *lib.* 2, *Epist.* 9, non cujus utraque pagina conscripta, uti Guid. Pancir. *Var. Lect. lib.* 2, *cap.* 109.

reste écrire les dernières volontés (1), ne confonde pas les écritures.

§ 499. Dans le testament *noncupatif* (§ 491), on ne connaît pas les conditions prescrites par le § 496; il suffit que l'on déclare sa dernière volonté devant sept témoins capables, spécialement convoqués, voyant et entendant le testateur (1). Et un testament noncupatif ne se change pas en testament écrit, quoique cette déclaration noncupative ait ensuite été rédigée par écrit, afin d'en conserver la mémoire (2).

§ 500. Encore aujourd'hui, en Germanie et *dans notre* Frise, les testaments se font solennellement; cependant ils se font rarement par acte privé, mais plus souvent soit devant le juge avec ses assesseurs et un greffier, soit devant un notaire accompagné de témoins. Très-souvent les testaments écrits dans la maison du testateur, sont présentés au prince ou

---

avait déjà écrit quelque chose, qu'on a ensuite effacé. Brisson, *de verb. sig.* au mot *deletitia*. Un papier *opisthographos* est celui dont le recto est déjà écrit quand on écrit sur le verso, Voss. *Etymol. à ce mot;* Savaron, *ad* Sidon. *liv.* 2, *Epît.* 9, et non celui dont les deux côtés sont écrits, comme le veut Gui Pancirole, *Var. Lect. liv.* 2, *ch.* 109.

tui (1). Alicubi etiam valent testamenta secundum jus canonicum condita coram parocho et duobus testibus (2). Secundum consuetudinem ergo singulorum locorum rite facta testamenta ubique valent, etiam ubi diversæ sollemnitates receptæ sunt (3).

(1) *L.* 19, *Cod. de test.* – (2) *cap.* 10, *X. de test.* – (3) Sand. *lib.* 4, *tit.* 1, *def.* 14, Conf. *Elem. Jur. germ. lib.* 2, *tit.* 1. § 174 *seq.*

TITULUS XI.

De militari Testamento.

§ 501. Supra jam observavimus (§ 492 VII) nullam sollemnitatem in testamento posse prætermitti sine periculo nullitatis. Sunt tamen quædam testamenta quibus vel omnes, vel quædam sollemnitates remissæ, quæ ideo privilegiata vel minus sollemnia dicuntur.

§ 502. Omnes sollemnitates internæ externæque remissæ sunt I. militibus ob imminens vitæ perculum (1). Quemadmodum enim olim, etiam ante XII Tabulas, milites in procinctu testari poterant, ita ut imminente acie sagis, vel potius cinctu Gabino induti, et scutis inserentes manus, tribus aut quatuor audientibus,

(1) *L.* 1, *L.* 34, § 2, *L.* 35, *L.* 40, *ff. h. t.*, *L.* 15, *C. Pr. Inst. h. t.*

au magistrat (1). Et même dans quelques lieux, sont valables les testaments faits suivant le droit canonique, devant le curé et deux témoins (2). Ainsi les testaments valablement faits suivant l'usage de chaque pays, sont valables partout, même dans les lieux où sont reçues d'autres formalités (3).

TITRE XI.

Du Testament militaire.

§ 501. Nous avons déjà observé (§ 492, 7°), qu'aucune solennité ne peut être omise dans les testaments, sans encourir la nullité. Il y a cependant des testaments que l'on a dispensés de plusieurs solennités, et même de toutes. On les appelle *privilégiés* ou *moins solennels.*

§ 502. Toutes les solennités intérieures et extérieures ont été remises 1° aux *militaires*, à cause des risques auxquels est exposée leur vie (1). Avant la loi des XII Tables, les soldats pouvaient tester en *robe retroussée*, c'est-à-dire en nommant leur héritier, à l'instant de commencer la bataille, revêtus de la robe de guerre, ou plutôt du *gabinum* qui leur ceiheredem suum nuncuparent (1), ita et postea liberam testamenti factionem militibus non quidem in procinctu, sed tamen in periculo constitutis, reddidit (*a*) primum Jul. Cæsar, deinde Titus, postea Domitianus, hinc Nerva, ac postremo Trajanus (2). Unde testamentum militare ex constitutionibus principum derivat (3).

(1) Plutarch. *in Coriolan. pag.* 198. Serv. *ad Virg. Æn. lib.* 7, *v.* 612. Vellei. Paterc. *lib.* 2, *cap.* 5 — (2) *L.* 1, *pr. ff. h. t.* — (3) Ulp. *Fragm. tit.* 23, § 2.

§ 503. Quum ergo omnibus sollemnitatibus (§ 502), adeoque et internâ (§ 493), soluti sint milites: consequens est, I. ut heredes instituere possint quoscunque, etiam quibuscum non est testamenti factio (1). II. Ut possint etli-

(1) *L.* 13, § 2, *ff. L.* 5, *Cod. h. t.*

(*a*) Testamentum enim in procinctu ab usu recesserat, teste Justiniano, § 1, *Inst. de test. ord.*, et quidem jam tempore Ciceronis, quia jam tum bella auspicato geri desierant, Cic. *de nat. deor. lib.* 2, *cap.* 3. Postea ea privilegia restitui militibus placuit, postquam et in bellis civilibus et ab Augusti temporibus mercenarium militem scribi placuit. Intererat enim principum, homines compluribus hujusmodi privilegiis ad militiam invitari.

gnait les reins, et couverts de leurs boucliers, en présence de trois ou quatre témoins (1): et dans la suite, la libre faculté de tester, lorsqu'ils seraient, non plus à la vérité à l'instant de commencer la bataille, mais cependant exposés à un danger (a), a été rendue aux militaires, par Jules-César, puis par Titus, Domitien, Nerva, et enfin par Trajan (2); ainsi le testament militaire dérive des constitutions des princes (3).

§ 503. Les militaires étant exempts de toutes les formalités (§ 502), et par conséquent aussi de la formalité interne (§ 493), il suit 1° qu'ils peuvent instituer toutes personnes, et même celles avec qui l'on n'a point la faction de testament (1); 2° qu'ils peuvent déshériter leurs enfants ou les passer sous

---

(a) En effet, le testament *en robe retroussée* était tombé en désuétude, comme le témoigne Justinien, § 1, *Inst. de test. ord.*, et même dès le temps de Cicéron, parce que déjà les guerres avaient cessé de se faire en prenant les auspices, Cicéron, *de nat. deor. liv.* 2, *ch.* 3. Ensuite on se détermina à rendre ces priviléges aux militaires, lorsque, dans les guerres civiles et du temps d'Auguste, on eut des troupes soldées. Car il était de l'intérêt du prince d'inviter au service par beaucoup de priviléges semblables.

berôs exheredare, vel tacite præterire (1), adeoque nec III. agnatione suorum heredum eorum testamenta rumpantur (2), nec adversus ea valeat querela inofficiosi (3). IV. Ut possint pro parte testati, pro parte intestati (4); V. et cum pluribus testamentis decedere (5); VI. et codicillis heredes instituere (6), VII. Ut quocumque modo substituere (7); immo et VIII. plus quam lex Falcidia patitur, legare queant (8).

(1) § 6, *Inst. de exhered. lib. L.* 9, *L.* 10, *C. h. t.* — (2) *L.* 7 *et* 8, *ff. h. t.* — (3) *L.* 29, § *ult. ff. h. t.* — (4) *L.* 6, *L.* 15, § 4, *L.* 37, *ff. h. t.* — (5) *L.* 19, *pr. ff. h. t* — (6) *L.* 36, *pr. ff. h. t.* — (7) *L.* 5, *L.* 15, § 5, *L.* 28, *ff. h. t.* — (8) *L.* 17, § *ult. ff. L.* 12, *Cod. h. t.*

§ 504. Quumque et externæ solemnitates remissæ sint (§ 502): sequitur I. ut, si testamentum militis sit scriptum, nulli testes requirantur, adeoque omnes solemnitates (de quibus a § 495 ad § 497 actum), ab eo recte omittantur (1), modo militem scripsisse satis constet (2). II. Ut si nuncupativum testamentum condat, etiam duo testes sufficiant (3), etiam non rogati (4); III. ut unicum sit hujus testamenti essentiale requisitum, puta, ut constet, militem animo deliberato, non fortuito sermone, heredem sibi nuncupâsse (5).

(1) *L.* 15, *Cod. h. t.* — (2) *L.* 40, *pr. h. t.* — (3) *L.* 12, *ff. de test.* — (4) *L. ult. ff. de codicill.* — (5) § 1, *Inst. et L.* 24, *ff. h. t.*

silence (1); et par conséquent 3° que leurs testaments ne sont point rompus par l'agnation de leurs héritiers siens (2), et qu'on ne peut les attaquer par la plainte de testament inofficieux (3); 4° qu'ils peuvent décéder en partie testat, en partie intestat (4); et 5° avec plusieurs testaments (5); 6° qu'ils peuvent instituer des héritiers par codicille (6); 7° substituer d'une manière quelconque (7); et même 8° faire des legs au-delà de ce que permet la loi Falcidie (8).

§ 504. Comme ces testaments sont également dispensés des solennités externes (§ 502), il suit 1° que si le testament du militaire est écrit, il n'est pas besoin de témoins, et qu'ainsi toutes les solennités (dont on a parlé depuis le § 495 jusqu'au § 497) peuvent être omises (1), pourvu qu'il soit certain que le militaire l'a écrit lui-même (2); 2° que s'il fait un testament noncupatif, deux témoins suffisent (3), même sans être convoqués (4); 3° qu'il n'y a pour ce testament qu'une seule condition essentielle, c'est-à-dire, qu'il soit constant que le militaire a nommé son héritier, non dans une conversation imprévue, mais avec une intention bien déterminée (5).

§ 505. Ita ergo jure testantur milites, non modo, qui intra numerum sunt, sed et reliqui in hostico deprehensi, iisdemque expositi periculis (§ 502) (1), etiam surdi et muti nondum missi (2), et de statu suo dubitantes (3).

(1) *L.* 44, *ff. h. t.*—(2) *L.* 4, *ff. h. t.* ubi Vinn. *ad* § 2, *Inst. h. t.*—(3) *L.* 11, § 1, *ff. h. t.*

§ 506. Sed quum caussa privilegii sit periculum vitæ imminens (§ 502), sequitur, I. ut ita jure testentur milites in expeditione tantum et castris degentes (1); adeoque in hibernis iidem jure communi obstringantur. II. Ut et testamentum, ante militiam non jure factum, vel verbis, vel factis confirmare possint (2), III. Ut missione impetratâ, et depulso veluti periculo, testamentum jure militari factum expiret; quamvis veteranis, missionem honestam vel caussariam impetrantibus, id privilegium concessum sit, ut eorum testamenta adhuc intra annum valeant (3), et conditio, elapso illo anno existens, retrotrahatur (4).

(1) § 3, *Inst. h. t. L.* 1, *L.* 15, *L. penult. Cod. h. t.*—(2) *L.* 9, § 1, *L.* 20, § 1, *L.* 25, *ff. h. t.*—(3) § 3, *Inst.* et *L.* 26, *pr.* § 1, *ff. h. t.*—(4) § 3, *Inst. h. t. L.* 26, *ff. de cond. Inst.*

§ 507. Quia etiam supra monuimus, de peculio castrensi vel quasi-castrensi libere disponere filiumfamilias (§ 478, II.) : jam ad-

§ 505. Ainsi peuvent valablement tester de cette manière, les militaires et non-seulement ceux qui sont enrôlés, mais encore tous ceux qui se trouvent sur le territoire ennemi, et exposés aux mêmes dangers (§ 502) (1), même les sourds et les muets non encore réformés (2), et ceux qui sont incertains de leur état (3)

§ 506. Mais comme la cause du privilége est le péril de leur vie (§ 502), il suit 1° que ce droit n'appartient qu'aux militaires en expédition ou dans les camps (1), en sorte que, dans les quartiers d'hiver, ils sont soumis au droit commun; 2° que, s'ils ont fait, avant d'être militaires, un testament où le droit ne soit pas observé, ils peuvent le ratifier soit expressément, soit tacitement (2); 3° qu'après avoir obtenu leur congé, le testament militaire n'est plus valable; quoique les vétérans, qui obtiennent un congé d'honneur ou un congé motivé, ayent ce privilége que leurs testaments valent encore pendant une année (3), et que la condition qui vient à s'accomplir après l'année, a un effet rétroactif (4).

§ 507. A ce que nous avons dit plus haut que le fils de famille dispose librement de son pécule castrans ou quasi-castrans (§ 478, 2°), dendum, eum quidem idem de illis testandi jus habere, ac militem, sed ob periculum haud imminens extra militiam non eodem modo testari, sed requisita juris civilis merito observare (1).

(1) § 6, *Inst. h. t. L. ult. Cod. de inoff. test.*

§ 508. Et hoc jure hactenus explicato utimur : præterquam, quod leges germanicæ, secus ac romanæ (§ 506, I.), inter militem in acie et in castris constitutum distinguunt, et illius testamentum quocumque modo conditum, hujus si duo testes adhibiti fuerint, ratum esse jubent (1). Quam sententiam glossæ (2), originem debere, jam observavit Vigl. Zuich. (3).

(1) *Constit. Maximil. ann.* 1512, *tit. de test.* § *unde solemn.*—(2) *Ad.* § 1, *Inst. h. t.*—(3) *Ad. d.* § 1, *p.* 83.

§ 509. Quædam solemnitates externæ etiam remissæ sunt, II. PARENTIBUS testantibus inter liberos (*a*). Nam si in scripturâ testantur, ta-

---

(*a*) Eosque solos. Quod ad extraneam enim personam attinet, ejus contemplatione testamentum non valet, nisi justus adfuerit testium numerus, et reliquæ adhibitæ sint solemnitates. Quamvis enim alia colligi posse videantur ex authent. *Quod sine C. de test.*, tamen, quia ab auctoritate suâ, id est, *Nov.* 107, *cap.* 1, recedit, ei nihil triil faut ajouter qu'il a, pour en disposer par testament, le même droit qu'un militaire, cependant que ne courant pas de dangers, il ne peut pas, hors du service, tester de la même manière; mais qu'il est, avec raison, soumis aux formalités du droit commun (1).

§ 508. Le droit expliqué jusqu'ici est encore suivi chez nous; excepté que les lois germaniques, à la différence des lois romaines (§ 506, 1°), distinguent le militaire en bataille, du militaire dans les camps, et font valoir le testament du premier, de quelque manière qu'il soit fait; celui du second lorsqu'on y appelle deux témoins (1). Cette décision doit son origine à la glose (2), comme l'a observé depuis long-temps Vigl. Zuich. (3).

§ 509. Quelques solennités externes ont été remises 2° aux *pères et mères* qui testent entre leurs enfants (*a*); car, s'ils testent par

---

(*a*) Et entre eux seuls; car, quant à ce qui regarde une personne étrangère, le testament ne vaut pas pour elle, à moins qu'il n'y ait eu le nombre de témoins requis, et que l'on n'ait employé les autres formalités. Car, quoique l'on paraisse pouvoir conclure le contraire de l'authentique, *quod sine*, *C. de testam.*, cependant, comme elle s'écarte de son original, c'est-à-dire bulasque vel ipsi scribunt, vel subscribunt iisdem, anno, mense, die, unciisque, in quibus liberos instituunt, perspicue expressis, testes non sunt necessarii (1). Sin per nuncupationem, duo testes sufficiunt (2).

(1) *L.* 21, § 1, *Cod. de test. Nov.* 107, *cap.* 1.—(2) *Arg. L.* 12, *ff. de test.*

§ 510. Quodammodo etiam solemnitatibus soluti III. TEMPORE PESTIS testantes, quibus sola unitas contextûs, id est, simultanea testium præsentia, ob contagionis periculum remissa est (1).

(1) *L.* 8, *Cod. de test.*

§ 511. Simile quodam modo privilegium tributum IV. RURI TESTANTIBUS, quorum testamenta subsistunt, quinque testium subscriptione, vel signaculis munita, (quamvis et alii pro aliis subscribere possint), si vel plures, vel litterarum periti, ut fit in agris, haberi nequeant (1), quod in dubio, donec probetur contrarium, præsumitur.

(1) *L. ult. Cod. de test.*

§ 512. Eodem referunt V. testamenta PRINCIPI OBLATA, VI. vel ACTIS INSINUATA, quæ

---

buendum (§ 16). Stryk. *Caut. Test. cap.* 10, § 24.

écrit, et qu'ils écrivent eux-mêmes leur testament, ou qu'ils le signent, en le datant par an, mois et jour, et en marquant avec précision les parts pour lesquelles ils instituent leurs enfants, il n'est pas besoin de témoins (1); et si le testament est noncupatif, deux témoins suffisent (2).

§ 510. On a en quelque sorte dispensé des solennités, 3° ceux qui font leur testament *en temps de peste* : mais seulement quant à l'unité de contexte, c'est-à-dire quant à la présence simultanée des témoins, à cause du péril de la contagion (1).

§ 511. Un semblable privilége a été accordé 4° à *ceux qui font leur testament à la campagne*. Leurs testaments sont valables avec la signature ou le cachet de cinq témoins : (encore les uns peuvent-ils signer pour les autres) lorsque l'on n'en peut pas trouver davantage, ou de plus instruits, comme cela arrive dans les campagnes (1); et c'est ce que dans le doute on présume, jusqu'à preuve contraire.

§ 512. On met dans la même classe 5° les testaments *offerts au prince*, ou 6° *insinués*

---

de la *Novelle* 107, *ch.* 1, il ne faut pas s'y arrêter (§ 16), Stryk. *Caut. Test. ch.* 10, § 24.

nullas solemnitates exigunt (1). (§ 500); VII. TESTAMENTUM POSTERIUS IMPERFECTUM, quo heredes ab intestato priore præteriti ad successionem vocantur, in quo quinque testes sufficiunt (2); VIII testamenta, quibus PIÆ CAUSSÆ consulitur, quæ omnibus solemnitatibus solvit pontifex (3).

(1) *L.* 19, *Cod. de test.* —(2) *L.* 21, § *penult. Cod. de test.* —(3) *Cap.* 11, *X. de test.*

TITULUS XII.

Quibus non est permissum facere Testamentum.

§ 513. TESTAMENTA condere possunt omnes, qui non prohibentur. Qui vero prohibeantur, hoc titulo traditur, nimirum omnes qui non participes erant juris comitiorum (*a*) (§ 486).

§ 514. Quum enim testamenti factio sit *juris publici romani* (§ 486) (1): consequens est, ut jure Romano testari non possint I. servi (2),

(1) *L.* 3, *ff. qui test. fac. poss.* — (2) *L.* 19, *ff. eod.*

(*a*) Unde nec mulieres olim testamenta facere potuisse videntur. Postea his data testamenti factio, modo tutor fieret auctor.

dans les registres publics; ils n'exigent aucune solennité (1) (§ 500); 7° un *testament postérieur laissé imparfait,* dans lequel les héritiers *ab intestat*, prétérits dans le premier testament, sont appelés à la succession : cinq témoins suffisent (2); 8° les testaments en faveur d'une *cause pie*, que le souverain pontife affranchit de toute solennité (3).

TITRE XII.

A qui il n'est pas permis de faire un Testament.

§ 513. Peuvent faire un testament tous ceux qui n'en sont point empêchés. Dans ce titre on traite de ceux qui en sont empêchés, savoir, ceux qui ne participaient pas au droit de comices (a) (§ 486).

§ 514. La faction de testament étant *du droit public romain* (§ 486) (1), il suit qu'en droit romain, ne pouvaient pas tester, 1° les esclaves (2); ni 2° ceux qui sont chez l'ennemi

(a) C'est ce qui fait qu'autrefois les femmes ne pouvaient pas faire de testament : ensuite on leur donna la faction de testament, pourvu qu'elles eussent l'autorisation de leur tuteur.

nec II. qui apud hostes sunt (§ 82 *seq.*), quorum testamenta in captivitate facta, ne quidem, si redierint, rata sunt (*a*) (1), nec III. peregrini, aut deportati (§ 227) (2).

(1) *L.* 8, *pr. ff. qui test. fac. poss.* § *ult. Inst. h. t.*—(2) *L.* 8, § 1, *ff. eod.*

§ 515. Quia etiam testamenti factio concessa tantum patribusfamilias (§ 487, IV.), nec filiifamilias testamentum vel codicillos de legatis et fideicommissis (aliud enim de donatione mortis caussâ dicendum) (1), condunt (2), ne quidem permittente patre (3), nisi de bonis castrensibus et quasi-castrensibus (§ 488, II.). Quod adeo verum est, ut et testamentum patrisfamilias per arrogationem irritum fiat, nisi

(1) *L.* 25, § 1, *ff. de mort. causs. donat.*—(2) *L.* 6, *L.* 19, *ff. qui test. fac. poss.*—(3) *Pr. Inst. h. t. L.* 6, *pr. ff. eod.*

(*a*) Capti enim ab hoste in justâ servitute sunt (§ 82). Contra testamentum recte condunt a latronibus capti (§ 91, IV.), *L.* 13, *pr. ff. qui testam. fac. poss.* Quum etiam ratio, cur testamentum in captivitate factum non valeat, sit regula Catoniana, *L.* 1, *pr. ff. de reg. Caton. L. pen. ff. de reg. jur.*; facile patet, testamentum in civitate ante captivitatem factum jure postliminii valere, si redierit (§ 348): ex Lege Corneliâ, si ibidem decesserit, § *ult. Inst. h. t. L.* 12, *ff. qui test. fac. poss. L.* 16, *L.* 18, *ff. de capt. et postl.*

(§ 82 *et suiv.*), et leurs testaments ne pouvaient valoir, même en cas de retour (*a*) (1); ni 3° les étrangers ou les déportés (§ 227) (2).

§ 515. La faction de testament étant accordée aux seuls pères de famille (§ 487, 4°), les fils de famille ne peuvent faire ni testament, ni codicilles pour des legs et des fidéicommis (1), (car autre chose est de la donation à cause de mort) (2), pas même avec la permission de leurs pères (3), si ce n'est sur leurs biens castrans et quasi-castrans (§ 478, 2°), et cela est tellement vrai, que le testament d'un père de famille devient inutile par son adro-

(*a*) En effet, les prisonniers de guerre sont dans une juste servitude (§ 82). Au contraire, ceux qui sont pris par les brigands testent valablement (§ 91, 4°), *L.* 13, *pr. ff. qui test. fac. poss.* La raison pour laquelle un testament fait pendant la captivité ne vaut pas, vient de la règle Catonienne, *L.* 1, *pr. ff. de reg. Caton. L. pen. ff. de reg. jur.*; il s'en suit que le testament fait dans sa patrie avant la captivité, vaut par le droit de *postliminium*, si le testateur revient (§ 348), ou par la loi Cornelia, s'il décède chez l'ennemi, § *ult. Inst. h. t. L.* 12, *ff. qui test fac. poss. L.* 16, *L.* 18, *ff. de capt. et postl.*

miles sit (1), et testamentum a filiofamilias factum ne tunc quidem valeat, si sui juris factus decesserit (2) (§ 514, *).

(1) § 5, *Inst. de milit. test.*—(2) *Pr. Inst. h. t. L.* 19, *ff. qui test. fac. poss.*

§ 516. Quia porro testamentum est justa voluntatis sententia (§ 490); illud condere nequeunt V. furiosi, et mente capti, nisi dilucidum sit furoris vel dementiæ intervallum (1); VI, prodigi tanquam civiliter furiosi, iisque simillimi (§ 269) (2), nisi vel ante interdictionem testamentum fecerint (3), vel bene posteritati consulant (4), ex Novellâ Leonis, quæ non ubique recepta; VII. impuberes (5).

(1) § 1, *Inst. h. t.*—(2) § 2, *Inst. eod. L.* 18, *pr. ff. qui test. fac. poss.*—(3) *D.* § 2, *et L.* 18, *pr.*—(4) *Novel. Leon.* 39.—(5) § 1, *Inst. h. t. L.* 5, *ff. eod.*

§ 517. Quum præterea vitium corporis sæpe cum animi debilitate conjunctum sit: non possunt testari VIII. surdi et muti simul, nec quibus alterutrum vitium hæret, nisi vel linguâ, vel scripturâ voluntatem exponere possint (1).

(1) *L.* 10, *Cod. qui test. fac. poss.* § 3, *Inst. h. t.*

§ 518. Quod impedimentum quum non obstet cœcis, ii testari possunt, dummodo heredem nuncupent, et vel tabellionem, qui nungation, à moins qu'il ne soit militaire (1); et que le testament fait par un fils de famille ne vaut pas, même quand il décéderait père de famille (2) (§ 514, *).

§ 516. Comme un testament est une volonté légalement manifestée (§ 490), il ne peut être fait 5° par les furieux ou les gens en démence, à moins qu'ils n'ayent un intervalle lucide dans leur fureur ou leur démence (1); 6° par les prodigues, comme étant aux yeux de la loi civile, des insensés, et assimilés à ceux-ci (§ 269) (2), à moins qu'ils n'ayent fait leur testament avant l'interdiction (3), ou qu'ils n'ayent sagement pourvu aux intérêts de leurs enfants, et cela d'après une Novelle de Léon, qui n'est pas reçue partout; 7° par les impubères (5).

§ 517. Et comme un vice du corps est souvent joint avec la faiblesse de l'esprit, ne peuvent tester, 8° les sourds et muets en même temps; pas même ceux qui n'ont que l'une ou l'autre de ces infirmités, à moins qu'ils ne puissent déclarer leur volonté ou de vive voix ou par écrit (1).

§ 518. Les aveugles n'ayant pas cet empêchement, peuvent tester, pourvu qu'ils fassent un testament noncupatif, ou qu'ils appellent cupationem excipiat, præter septem testes adhibeant, vel octavum testem, omnesque subscribant et signent (1).

(1) *L.* 8, *Cod. eod.*

§ 519. Denique in pœnam quibusdam non permittitur facere testamentum, veluti IX, reis læsæ majestatis (1), X. apostatis et hæreticis improbis (2); XI. incesto matrimonio pollutis, nisi legitimos instituant (3); XII. ob carmen famosum (4); vel XIII. capitis damnatis (*a*) (5).

(1) *L.* 5, *Cod. ad Leg. Jul. maj.*—(2) *L.* 3, *pr. Cod. de apost. L.* 4, § 5, *Cod. de hæret.*—(3) *L.* 6, *et* Auth. *incest. Cod. de inc. nupt.*—(4) *L.* 18, § 1, *L.* 26, *ff. qui test. fac. poss. L.* 21, *pr. de testib. L.* 5, § 9 *et* 10, *ff. de injur.*—(5) *L.* 8, § *ult. L.* 13, § *ult. ff. qui test. fac. poss. L.* 6, § 6, *ff. de injust. rupt. irr. test.*

TITULUS XIII.

De Liberis exheredandis.

§ 520. HACTENUS de solemnitatibus et requisitis testamentorum externis : sequitur interna solemnitas (§ 493), id est, heredis institutio. Heredes ante omnes merito instituun-

---

(*a*) Quamvis enim capitis damnati non amplius fiant servi pœnæ (§ 83, *), bonorum tamen publicatio non sublata, nisi in favorem propinquorum, *Nov.* 134, *cap. ult.* Itaque si propinqui exsoit un notaire, pour recevoir leur déclaration, avec sept témoins, soit un huitième témoin, et que tous apposent leur signature ou leur cachet (1).

§ 519. Enfin il est défendu par punition à certaines personnes de faire un testament : tels sont 9° les criminels de lèse-majesté; 10° les apostats, les hérétiques (2); 11° les époux incestueux, à moins qu'ils n'instituent des enfants légitimes (3); 12° ceux qui ont été condamnés pour libelles diffamatoires (4); ou 13° ceux qui ont été condamnés à une peine capitale (*a*) (5).

TITRE XIII.

De l'Exhérédation des Enfants.

§ 520. Jusqu'ici nous avons traité des solennités externes des testaments; vient ensuite la solennité interne (§ 493), c'est-à-dire l'institution d'un héritier. C'est avec raison qu'avant

(*a*) En effet, quoique les condamnés à des peines capitales ne deviennent plus esclaves de la peine (§ 83, *) cependant la confiscation de leurs biens n'a pas été abrogée, si ce n'est en faveur de leurs tur liberi. Et quidem patria potestas olim tam late patuit, ut pater liberos nepotesque vel testamento præterire, vel sine justâ caussâ exheredes scribere posset (1). Deinde, quum hoc jure abuterentur parentes, maligne circa sanguinem suum inferentes judicium (2); necessitatem leges imposuerunt parentibus, liberos vel instituendi, vel exheredandi: ita tamen, ut magnum esset discrimen inter *suos* et *emancipatos*, *inter legitimos* et *illegitimos*, inter *naturales* et *adoptivos*, inter *filios* et *filias*, inter liberos *primi* et *ulteriorum graduum*, ac denique inter *natos* et *posthumos*.

(1) Liv. *lib.* 1, *cap.* 34; Cicer. *de orat. lib.* 1, *cap.* 38, *L.* 11, *ff. de liber et posth.* — (2) *L.* 4, *ff. de inoff. test.*

§ 521. *Sui, naturales, filii, primi gradûs*, aut instituendi, aut nominatim exheredandi erant, alioquin testamentum ipso jure NULLUM erat (1).

(1) *Pr. Inst. de exhered. lib. L.* 30, *ff. de liber. et posth.*

§ 522. *Suæ, naturales, filiæ, et liberi om-*

---

stant, nulla est capitis damnato testandi facultas. Sin desunt, bona publicantur. Usus tamen, maxime in Germaniâ, hæc principia deserit, et damnatis etiam testamenti factionem permittit.

tous autres l'on institue héritiers ses enfants; cependant autrefois la puissance paternelle était tellement illimitée, qu'un père pouvait, dans son testament, passer sous silence ses enfants et ses petits enfants, ou les déshériter sans juste cause (1). Ensuite, comme les pères abusaient de ce droit, en condamnant injustement leur propre sang (2), les lois ont imposé aux parents la nécessité d'instituer ou de déshériter leurs enfants, en mettant toutefois une grande différence entre les enfants *siens* et *émancipés*, entre les *légitimes* et les *illégitimes*, entre les *naturels légitimes* et les *adoptifs*, entre les *fils* et les *filles*, entre les enfants du *premier degré* et ceux *des degrés ultérieurs*, enfin entre les enfants *nés* et les *posthumes*.

§ 521. Les *fils siens*, *naturels*, *du premier degré*, devaient être institués ou nommément déshérités; autrement le testament était *nul* de plein droit (1).

§ 522. Les *filles siennes*, *naturelles*, et

---

proches, *Nov.* 134, *chap. dern.* C'est pourquoi, s'ils ont des proches, le condamné à une peine capitale n'a pas la faculté de tester; s'ils n'en ont pas, leurs biens sont confisqués. Cependant, l'usage, surtout en Germanie, s'écarte de ces principes, et accorde même aux condamnés la faculté de tester.

nes ulteriorum graduum, exheredes scribi poterant *inter ceteros*, neque opus erat ut nominatim exheredarentur. Præteriti quoque testamentum non infirmabant, sed ACCRESCEBANT suis institutis ad portionem virilem, extraneis ad partem dimidiam (1).

(1) Ulp. *Fragm. tit.* 22, § 17. *Pr. Inst. h. t.*

§ 523. *Posthumi*, tanquam personæ incertæ, ne heredes quidem institui poterant (1), tantum abest, ut nominatim exheredari debuerint. Sufficiebat ergo, eos præteritos esse. Postea tamen invaluit, ut hi vel exheredarentur (2), et masculi quidem primi gradûs nominatim, feminæ et nepotes inter ceteros, dum his pater aliquid legâsset, ne præteritæ viderentur (3). Alias testamentum, in quo præteriti, agnascendo rumpebant (*a*) (4).

(1) § 25, *Inst. de legat.* — (2) *L.* 10, *ff. de liber. et posth.* § 1, *Inst. h. t.* — (3) § 1, *Inst. h. t.* — (4) § 1, *Inst. h. t.*

(*a*) Idque intelligendum non modo de posthumis *veris*, qui patre defuncto nascuntur *L.* 3, § 1, *ff. de injust. rupt. irr. test.*, verum etiam de *quasi-posthumis*, quales sunt: I. AQUILIANI, id est nepotes, præmortuo filio, post mortem avi nati, instituendi vel exheredandi ex formulâ Aquilii Galli, *tous les enfants des degrés ultérieurs* pouvaient être déshérités en masse, et il n'était pas nécessaire de les déshériter nommément; et lorsqu'ils étaient prétérits (ou passés sous silence) ils n'infirmaient pas le testament; mais ils *accroissaient* aux héritiers siens institués, pour une portion virile; et aux étrangers pour moitié (1).

§ 523. Les *posthumes*, comme personnes incertaines, ne pouvaient pas même être institués héritiers (1); bien loin qu'on dût les déshériter nommément. Il suffisait donc qu'ils fussent passés sous silence. Ensuite on établit cependant qu'ils seraient institués ou déshérités (2), savoir, les mâles du premier degré, nommément; les femmes et les petits-enfants en masse, pourvu que le père leur léguât quelque chose, de peur qu'elles ne parussent passées sous silence (3): autrement, s'ils étaient passés, ils rompaient le testament, en naissant dans la famille (*a*) (4).

(*a*) Et cela doit s'entendre non-seulement des vrais posthumes, qui naissent après la mort du père, *L.* 3, § 1, *ff. de injust. rupt. irr. test.*, mais aussi des *quasi-posthumes :* tels sont 1° les *Aquiliens*, c'est-à-dire les petits-fils qui, lorsque leur père est prédécédé, naissent après la mort de leur

§ 524. *Emancipatos* nec institui nec exheredari oportebat (1). Prætor tamen (§ 65) postea eis dedit bonorum possessionem contra tabulas, nisi vel instituti, vel masculi nominatim, feminæ inter ceteros exheredati essent (2).

(1) § 3, *Inst de exher. lib.*—(2) *D.* § 3, *Inst. h. t. L.* 6 *et L.* 7, *ff. de bon. possess. contr. tab.*

§ 525. *Illegitimi* jure præteribantur a patre: *adoptivi*, quandiu in potestate patris adoptantis erant, eodem gaudebant jure ac sui naturales (§ 521) (1); emancipatis ne prætor qui-

(1) § 4, *Inst. h. t. L.* 1, *ff. de adopt.*

L. 29, *ff. de lib. et posth.*; II. Velleiani, id est nepotes, vivo testatore avo, præmortuo patre, nati, instituendi vel exheredandi ex legis Juliæ Velleiæ capite 1, *L.* 29, § 11 *et* 12, *ff. eod.*, nec non nepotes, qui ante testamentum avi nati in locum patris mortui avo sui heredes agnascuntur, instituendi vel exheredandi ex legis Juliæ Velleiæ capite 2, *L.* 29, § 13 *et* 14, *ff. eod.*; III. Salviani, id est nepotes, qui post testamentum avi nati, mox patre decedente in ejus locum succedunt, instituendi vel exheredandi ex sententiâ Salvii Juliani, *L.* 29, § 15, *ff. eod.*; IV. Corneliani, qui ante captivitatem patris concepti, eodem capto, in civitate nati sunt, *L.* 15, *ff. de injust. rupt. irr. test.*

§ 524. Quant aux *émancipés*, il n'était pas nécessaire de les instituer, ni de les déshériter (1). Cependant le préteur (§ 65) dans la suite leur donna la possession des biens contre les Tables, à moins qu'ils ne fussent institués, ou déshérités, les mâles nommément, les femmes en masse (2).

§ 525. Les *illégitimes* pouvaient être passés sous silence; les *adoptifs*, tant qu'ils étaient sous la puissance de leur père adoptif, jouissaient du même droit que les enfants siens naturels (§ 521) (1); mais après l'émancipation,

---

aïeul, et doivent être institués par lui, ou déshérités, suivant la formule d'Aquilius Gallus, *L.* 29, *ff. de lib. et posth.*; 2° les *Velléiens*, c'est-à-dire les petits-enfants nés après la mort de leur père et du vivant du testateur leur aïeul, qui doivent être institués par lui ou déshérités, selon le premier chef de la loi Julia Velleia, *L.* 29, § 11 *et* 12, *ff. eod.*: et les petit-fils qui, nés avant le testament de leur aïeul, deviennent héritiers siens de leur aïeul, en place de leur père lorsqu'il vient à mourir; ils doivent être institués ou déshérités, d'après le deuxième chef de la loi Julia Velleia, *L.* 29, § 13, *ff. eod.*; 3° les *Salviens*, c'est-à-dire les petits-fils qui, nés après le testament de leur aïeul, lorsqu'ensuite leur père vient à décéder, montent à sa place; ils doivent être institués ou déshérités, d'après l'avis de Salvius Julianus, *L.* 29, § 15, *ff. eod.*; 4° les *Cornéliens* qui, conçus avant la captivité de leur père, sont nés dans la cité, pendant sa captivité, *L.* 15, *ff. de injust. rupt. irr. test.*

dem, nedum lex succurrebat (§ 524) (1); minus plene adoptati sui manebant patris naturalis, et patri adoptivo non nisi ab intestato succedebant (§ 186).

(1) *L. 4, ff. si tab. test. null. exst.*

§ 526. Sed jure novo omnes liberi cujuscunque sexûs, sive nati, sive posthumi, vel instituendi, vel nominatim exheredandi sunt (1). Præteriti enim a patre vel avo paterno, testamentum nullum reddunt; a matre vel avo materno, idem possunt rescindere (2). Emancipati contra illud petunt bonorum possessionem (3). Quod et de adrogatis et plene adoptatis intelligendum, non de adoptatis ab extraneo (§ 186) (4).

(1) § 5, *Inst. h. t. L. 4, Cod. de liber. præter.* — (2) *Nov.* 115, *cap.* 3. — (3) *L. 4, Cod. de liber. præter.* — (4) § 5, *Inst. h. t. L. penult. Cod. de adopt.*

§ 527. Eodem modo et reliquæ personæ, quibus portio legitima debetur, vel instituendæ, vel exheredandæ. Sive enim præteriti, sive exheredati injuste, testamentum rescindunt adscendentes æque ac liberi (1), Legitima autem *est portio hereditatis, ex præscripto legum* (a) *certis personis relinquenda* : eaque

(1) *L. 14, ff. de inoff. test.*

(a) Vel saltim earum ratione. Vero simillimum

ni le préteur, ni à plus forte raison la loi, ne venait à leur secours (§ 524) (1). Ceux qui avaient été adoptés par l'adoption imparfaite demeuraient héritiers siens de leur père naturel, et ne succédaient à leur père adoptif, qu'*ab intestat* (§ 186).

§ 526. Mais par le droit nouveau, tous les enfants, de quelque sexe qu'ils soient, tant nés que posthumes, doivent être institués ou déshérités nommément (1). Car s'ils sont passés sous silence par leur père ou leur aïeul paternel, ils rendent le testament nul; passés par leur mère ou leur aïeul maternel, ils peuvent le faire rescinder (2); et les émancipés demandent la possession contre les Tables (3). Ce qui doit aussi s'entendre des enfants passés sous notre puissance par adrogation ou adoption pleine, et non de ceux qui sont adoptés par un étranger (4).

§ 527. De la même manière, les autres personnes à qui est due une légitime, doivent aussi être instituées ou déshéritées. Car lorsqu'ils sont ou passés ou déshérités injustement, les ascendants font casser le testament, comme les descendants (1). La *légitime* est *une portion d'hérédité que, d'après le prescrit des lois* (a),

---

(a) Ou du moins d'après leur esprit; car il est

debetur præter I. liberos, II. parentibus et III. fratribus sororibusque germanis et consanguineis, eo casu, si turpis eis persona præferatur (1), et jure vetere fuit quarta portionis ab intestato debitæ (2); postea, pro numero personarum, modo triens, si quatuor vel pauciores; modo semis, si quinque vel plures essent (3).

(1) *L.* 27, *Cod. de inoff. test. Novel.* 115, *cap.* 3 *et* 4. — (2) § *ult. Inst. de inoff. test.* — (3) *Novel.* 18, *cap.* 1.

§ 528. Exheredatio est *a legitimâ hereditate exclusio*, eaque fieri debet I. nominatim, II. pure, non sub conditione (1); III. a totâ hereditate (2), IV. ab omnibus heredibus, et ab omni gradu (3); V. ex justâ caussâ, in testamento exprimendâ (*a*) (4).

(1) *L.* 3, § 1, *ff. de lib. et posth.* — (2) *L.* 19, *ff. eod.* — (3) § 2, 3 *et* 6, *ff. eod.* — (4) *Novel.* 115, *cap.* 3, *pr.*

---

enim est, hanc portionem legitimam introductam esse interpretatione legis Falcidiæ, *L.* 8, § 8 *et* 9, *ff. de inoff. test. L.* 21, *C. fam. erc.*

(*a*) Si liberi vel parentes exheredes scripti ex caussâ injustâ, et *Nov.* 115, non probatâ, testamentum fit nullum. Sin ex justâ quidem caussâ et testamento expressâ, sed non verâ, illud rescindunt querelâ inofficiosi, *Nov.* 115. *cap.* 3, § *ult. cap.* 4. § *ult.* Confer Huber. *Præl. ad Inst. lib.* 2, *tit.* 13, § 13.

on doit laisser à certaines personnes. Outre 1° les enfants, elle est due 2° aux ascendants; 3° aux frères et sœurs germains et consanguins, dans le cas où on leur préférerait une personne infâme (1). Par le droit ancien, elle était le quart de la portion due *ab intestat* (2). Ensuite elle a été réglée d'après le nombre des personnes; au tiers, s'il y en a quatre ou moins; à la moitié, s'il y en a cinq ou davantage (3).

§ 528. L'*exhérédation* est l'*exclusion de l'hérédité légitime* : elle doit être faite 1° nommément; 2° purement, non sous condition (1); 3° pour toute l'hérédité (2); 4° pour tout rang et tout degré d'héritier (3); 5° pour une juste cause, qui doit être exprimée dans le testament (*a*) (4).

---

très-vraisemblable que cette portion légitime a été introduite par interprétation de la loi Falcidie, *L.* 8, § 8 *et* 9, *ff. de inoff. test. L.* 21, *C. fam. erc.*

(*a*) Si les enfants et les ascendants sont déshérités pour une cause injuste, ou non approuvée par la *Nov.* 115, le testament devient nul. Si c'est pour une cause légitime et exprimée dans le testament, mais non véritable, les enfants et les ascendants font rescinder le testament par la plainte d'inofficiosité, *Nov.* 115, *ch.* 3, § *dern. ch.* 4, § *dern.* Voyez Huber, *Præl. ad Inst. liv.* 2, *tit.* 3, § 13.

§ 529. *Justæ caussæ*, ob quas LIBERI exheredes scribi possunt, sunt quatuordecim, puta, I. si pater gravi injuriâ lacessitus; II. si manus ei illatæ; III. si insidiæ vitæ structæ; IV. si ex delatione filii damnum illatum; V. si filius cum maleficis (μετὰ φαρμακῶν) versatus, ceu maleficus; VI. si patrem testari prohibuerit; VII. si patrem furiosum neglexerit; VIII. si captum ab hoste non redemerit; IX. si filius factus hæreticus talis, qui quatuor priores synodos œcumenicas rejiciat, X. si patrem accuset capitalis criminis, excepto crimine majestatis; XI. si cum novercâ vel patris concubinâ rem habuerit; XII. si mimos invito patre sequatur; XIII. si patrem carceri inclusum fideijussione liberare nolit (*a*); XIV. si filia minorennis, quam pater, dote oblatâ, elocare voluit, corpore quæstum faciat (1).

(1) *Novel.* 115, *cap.* 3.

§ 530. Ita PARENTES ex octo caussis juste exheredantur : I. si capitis accusârint liberos;

(*a*) Hæc caussa, æque ac decima, ad solos filios pertinet : quia filiæ tanquam mulieres, nec intercedere pro alio possunt, nec accusare, *L.* 2, § 1 *et* 2, *ff. ad SC. Vell. L.* 8, *L.* 8, *ff. de accusat.*

§ 529. Les *justes causes* pour lesquelles les *enfants* peuvent être déshérités, sont au nombre de quatorze : 1° si le père a reçu de son fils une injure grave; 2° s'il en a été frappé; 3° si l'on a attenté à sa vie; 4° si par trahison du fils il a éprouvé quelque dommage; 5° si le fils vit avec des malfaiteurs (*meta pharmakôn*), comme leur associé; 6° s'il a empêché son père de tester; 7° s'il a abandonné son père dans la démence; 8° s'il ne l'a pas racheté lorsqu'il était prisonnier de guerre; 9° si le fils est un hérétique, qui rejette les quatre premiers conciles œcuméniques; 10° s'il accuse son père d'un crime capital, à l'exception du crime de lèse-majesté; 11° s'il a eu commerce avec sa belle-mère ou la concubine de son père; 12° s'il se fait comédien malgré son père; 13° s'il ne veut pas cautionner son père détenu pour dettes (*a*); 14° si une fille mineure, que le père a voulu marier et doter, se livre à une prostitution mercenaire (1).

§ 530. De même les *pères* et *mères* sont légitimement déshérités pour huit causes : 1° s'ils

(*a*) Cette cause et la dixième n'ont de rapport qu'aux fils, parce que les filles, comme femmes, ne peuvent cautionner personne, ni accuser, *L.* 2, § 1 *et* 2, *ff. ad SC. Vell. L.* 8, *ff. de accusat.*

II. si insidiati sunt vitæ liberorum; III. ob stuprum nurui vel concubinæ filii illatum; IV. si testari liberos prohibuerint; V. si non redemerint captivos; VI. si furiosos neglexerint; VII. ob hæresin; VIII. si pater matri, vel hæc patri venenum præbuerit (1).

(1) *Novel.* 115, *cap.* 4.

§ 531. FRATER sororve, fratres sororesve etiam germanos et consanguineos testamento præterire potest; nisi turpem instituat personam (§ 527). Eo enim casu illos aut instituere aut exheredare tenetur. Et exheredationis quidem tunc tres proditæ sunt caussæ, si frater vel soror aut I. vitæ insidias, aut II. criminis accusationem, aut III. bonis jacturam inferre sit ausus (1).

(1) *Novel.* 22, *cap.* 47.

§ 532. Quamvis vero hæ caussæ aliis diversi generis augeri nequeant (1), non excluduntur tamen similes, vel atrociores in eodem genere (2).

(1) *Novel.* 115, *cap.* 3. — (2) Huber. *Prælect. Inst. h. t.* § 10 *et seq.*

ont accusé leurs enfants d'un crime capital; 2° s'ils ont dressé des embuches à leur vie; 3° s'ils ont eu commerce avec leur belle-fille ou la concubine de leur fils; 4° s'ils ont empêché leurs enfants de tester; 5° s'ils ne les ont pas rachetés de l'ennemi; 6° s'ils les ont abandonnés dans la démence; 7° pour cause d'hérésie; 8° si le père a voulu empoisonner la mère, ou la mère empoisonner le père (1).

§ 531. Le *frère*, la *sœur*, peut passer sous silence, dans son testament, ses frères et sœurs germains ou consanguins, à moins qu'il n'institue une personne infâme (§ 527); car, dans ce cas, il est tenu de les instituer ou de les déshériter. Et alors il y a trois causes d'exhérédation : 1° si le frère ou la sœur a attenté à la vie du testateur, ou 2° l'a accusé d'un crime, ou 3° lui a fait un grand dommage dans ses biens (1).

§ 531. Quoiqu'on ne soit pas libre d'ajouter d'autres causes d'exhérédation à celles-ci (1); cependant cela n'exclut pas les causes semblables ou plus graves dans le même genre (2).

TITULUS XIV.

De Heredibus instituendis.

§ 533. Heredis institutio est solemnitas interna testamenti, sine quâ illud subsistere nequit (§ 493). Quumque liberis, parentibus, fratribus, sororibusve non exstantibus, vel juste exheredatis illis aut præteritis, unusquisque possit heres scribi : hinc de eâ heredis institutione agitur hoc titulo.

§ 534. Heres est *succesor in universum jus, quod defunctus habuit* (1).

(1) *L.* 24, *ff. de verb. signif. L.* 62, *ff. de reg. jur.*

§ 535. Ex quo sequitur, ut qui tempore testamenti facti, mortis testatoris, et aditionis, ejus conditionis est (1), ut in universum jus civis romani succedere possit, is et heres possit institui, adeoque cum eo sit testamenti factio.

(1) *L.* 49, § 1, *ff. h. t.* § 4, *Inst. de hered. qualit. et diff.*

§ 536. Heredes ergo institui possunt I. tam servi, quam liberi : et servi quidem alieni ex personâ dominorum, etiam sine libertate, qui hereditatem adquirunt dominis jubenti-

TITRE XIV.

De l'Institution d'héritier.

§ 533. L'INSTITUTION d'héritier est une solennité interne du testament, sans laquelle il ne peut subsister (§ 493). Et comme, lorsqu'il n'existe ni enfants, ni descendants, ni frères, ni sœurs, ou qu'ils sont légalement déshérités ou passés sous silence, on peut instituer toute autre personne; on va traiter dans ce titre de l'institution d'héritier.

§ 534. L'héritier est *le successeur à tous les droits qu'avait le défunt* (1).

§ 535. D'où il suit que celui qui, à l'époque de la confection du testament, de la mort du testateur, et de l'adition de l'hérédité (1), est de qualité à pouvoir succéder à tous les droits d'un citoyen romain, peut être institué héritier; et qu'ainsi on a avec lui la *faction de testament.*

§ 536. On peut donc instituer héritiers, 1° aussi bien les esclaves que les hommes libres; mais les esclaves d'autrui, du chef de leurs maîtres, même sans leur donner la liberté, parce qu'ils acquièrent l'hérédité à leurs maîtres bus (*a*) (§ 470, I.): proprii cum libertate, quam tamen datam esse, ex ipsâ institutione præsumitur (1).

(1) *Pr. Inst. h. t. L. penult. Cod. de serv. necess. hered. Inst.*

§ 537. Institui possunt II. cives, non peregrini (1), adeoque nec maximam mediamve passi capitis deminutionem (2), quamvis et peregrinos hoc beneficio ornâsse dicatur Fredericus imp. ex authenticâ (3), quæ tamen de activâ tantum testamenti factione agere, et juri albinagii opposita videtur.

(1) *L.* 6, § 2, *ff. h. t.* Cic. *pro Cæcin. cap.* 35.—(2) *L.* 1, *Cod. h. t.*—(3) *Auth.* Omnes peregrini *Cod. commun. success.*

§ 538. Institui etiam possunt III. personæ incertæ (quas jure antiquo non potuisse, jam § 523 observavimus), modo eventu vel aliâ ratione, certæ fieri possint (1), adeoque et IV. pauperes (2), V. ecclesiæ (3), VI. civitates (4), VII. collegia corporaque licita (5). Quæ omnia contra rationes juris antiqui sensim recepta (*b*).

(1) § 26 *et* 27, *Inst. de legat.* —(2) *L.* 24, *Cod. de episc. et cleric.*—(3) *L.* 1, *Cod. de SS. eccles.*—(4) *L.* 26, *ff. ad SC. Trebell. L.* 122, *ff. de legat.* 1.—(5) *L.* 12, *Cod. h. t. L.* 1, § 15, *ad SC. Trebell.*

(*a*) Sed quid, si servus institutus hereditarius, nondum aditâ hereditate? Tunc hereditas jacens defuncti vicem sustinet, *L.* 32, § 1, *L.* 52, *ff. et* § 2, *Inst. h. t.* § 329.

(*b*) Nimirum jure antiquo nec personæ incertæ,

et par leur ordre (*a*) (§ 470 1°) : les nôtres, en leur donnant la liberté, que l'on présume cependant donnée par l'institution même (1).

§ 537. On peut instituer 2° les citoyens, non les étrangers (1), ni par conséquent ceux qui ont subi le grand ou le moyen changement d'état (2); quoique, dit-on, l'empereur Frédéric ait accordé cette faveur aux étrangers, d'après une authentique (3), qui cependant paraît traiter seulement de la faction active de testament, et être opposée au droit d'aubaine.

§ 538. On peut aussi instituer 3° des personnes incertaines (ce que ne permettait pas le Droit ancien, comme nous l'avons déjà observé, § 523), pourvu que par l'événement ou de toute autre manière, elles puissent devenir certaines (1); et par conséquent 4° les pauvres (2), 5° les églises (3), 6° les villes (4), 7° les colléges et les corporations licites (5), ce qui a été reçu peu à peu contre la disposition de l'ancien Droit (*b*).

(*a*) Mais si l'on a institué un esclave héréditaire, avant l'adition de l'hérédité? Alors l'hérédité jacente représente le défunt, *L.* 32, § 1, *L.* 52, *ff.* *et* § 2, *Inst. h. t.* § 329.

(*b*) En effet, par l'ancien droit, on ne pouvait

§ 539. In pœnam tamen quibusdam jus hereditatem capiendi vel SIMPLICITER, vel SECUNDUM QUID, denegatum. SIMPLICITER hereditatibus relictis excidunt I. filii perduellium (1), II. apostatæ (2), III. hæretici (3), IV. Judæorum universitas (4), V. corpora illicita (5).

(1) *L.* 5, § 1, *Cod. ad Leg. Jul. Majest.* (2) *L.* 3, *Cod. de apost.* – (3) *L.* 4, *L.* 5, *Cod. de hæret.* –(4) *L.* 1, *Cod. de Jud.* –(5) *L.* 8, *Cod. h. t.*

---

nec municipia, nec municipes, institui poterant, quia corpus videbatur incertum, ut nec cernere universi, nec pro herede gerere possent. Ulp. *Fragm. tit.* 22, § 4, *seq.* Quæ ratio et Diis heredibus institutis, et collegiis quadrabat. Id., *ib.* § 6. Postea SC. concessum, ut municipia a libertis institui possent, nec non ut fideicommissa caperent, Ulp. *ibid*, § 5, *L.* 26, *ff. ad SC. Trebell.* Diis quoque quibusdam ridiculo SC. jus trium liberorum datum, ut heredes institui possent, Dio Cass. *lib.* 15, *princ.* Ulp. *ibid.* § 6. Denique et civitatibus et collegiis licitis jus capiendi hereditates datum, *L.* 12, *C. de her. inst.*, et ipsis ecclesiis a Constantino M. Euseb. *Hist. eccl. lib.* 10, *cap.* 5, *L.* 1, *C. de SS. Eccl. L.* 4, *C. Theod. de episc. eccl. lib.* 16, *tit.* 2, ubi conf. Gothofr. *Comment. pag.* 24, *tom.* 6.

§ 539. Cependant le Droit, par punition, refuse à quelques personnes le droit d'être héritier : et cela d'une manière *absolue*, ou *relative*. L'incapacité *absolue* fait perdre les hérédités déférées, 1° aux enfants des criminels de lèse-majesté (1), 2° aux apostats (2), 3° aux hérétiques (3), 4° à la nation juive (4), 5° aux corporations illicites (5).

---

instituer ni les personnes incertaines, ni les villes municipales, ni les magistrats municipaux, parce qu'ils étaient regardés comme un corps incertain, qui en corporation ne pouvaient accepter par *crétion*, ou faire acte d'héritier, Ulp. *Fragm. tit.* 22, § 4, *seq.* Cette raison s'appliquait aussi aux dieux et aux colléges institués, Ulpien, *au même titre*, § 6. Ensuite un sénatus-consulte a accordé que les villes municipales pourraient être instituées par leurs affranchis, et recevoir des fidéi-commis, Ulp. *au même titre*, § 5, *L.* 26, *ff. ad SC. Trebell.* Un sénatus-consulte ridicule a aussi donné à certains dieux le droit attaché au nombre de trois enfants, à l'effet de les rendre capables d'être institués héritiers, Dion Cassius, *liv.* 15, *au comm.* Ulp. *même titre*, § 6. Enfin le droit de recevoir des successions a été donné aux villes et aux corporations licites, *L.* 12, *C. de her. inst.*, et même aux églises, par Constantin. Voyez Eusèbe, *Hist. eccl. L.* 4, *C. Theod. de episc. eccl. liv.* 16, *tit.* 2. Voyez *les Commentaires* de Godefroy, *pag.* 24, *tom.* 6.

§ 540. SECUNDUM QUID nec heres scribi debet I. princeps litis caussâ institutus (1), nec II. conjux, ad secunda vota transiens, plus relinquere potest secundæ conjugi, quam uni ex liberis prioris matrimonii (2). Præterea III. parentes et liberi incestuosi inter se nihil capiunt (3), et IV. liberi naturales, non nisi legitimis deficientibus, solidum ex testamento patris capiunt (4).

(1) § *ult. Inst. quib. mod. test. infirm.*—(2) *L.* 6, *Cod. de secund. nupt.*—(3) *L.* 6, *Cod. de Incest. nupt. Auth.* ex complexu *Cod. eod.*—(4) *L.* 1, 2, *Cod. de Nat. lib. Nov.* 82, *cap.* 12.

§ 541. Hereditas vero, ut alia tota, AS vocatur jureconsultis, isque distribuitur in XII UNCIAS (*a*). Unde binæ unciæ hereditatis, id est $\frac{2}{12}$ ejusdem, *sextans*; tres unciæ, *quadrans*; quatuor unciæ, *triens*; quinque, *quincunx*;

(*a*) Immo et uncia in suas partes dividitur. Dimidia enim uncia est *semuncia*, pars ejusdem quarta *sicilicum*, *L.* 21, § 2, *ff. de ann. leg.* Glossa vetus: *Sicilicum* ὁ ὀγκίας τέταρτον, pars sexta *sextula*, vicesima quarta *scriptulum*, hujusque dimidia pars *simplium*, etc. Duplex as vocatur *dupondium*, triplex *tripondium*. Glossa vetus: *Dipondium* διπλοῦς χρύσινος δίνουμμον. Unde *dupondium* 24 unciarum est, tripondium 36 unciarum. Vid. Volus. Mæcian. et Balbi *Libellus de asse*.

§ 540. Pour incapacité relative, on ne peut instituer héritier 1° le prince lorsqu'on l'institue à cause d'un procès (1), et 2° l'époux qui passe à de secondes noces ne peut laisser à sa seconde épouse plus qu'à l'un des enfants du premier mariage (2). De plus, 3° les parents et les enfants incestueux ne peuvent rien recevoir les uns des autres (3); 4° les enfants naturels ne prennent la totalité de l'hérédité, par le testament du père, qu'à défaut d'enfants légitimes et d'ascendants (4).

§ 541. L'hérédité, comme les autres choses qui forment un tout, s'appelle en droit un *as*: cet *as* se partage en douze *onces* (*a*). Deux onces, c'est-à-dire $\frac{1}{12}$ de l'hérédité, s'appellent *sextans* (*un sixième*); trois onces, *quadrans* (*un*

(*a*) L'once elle-même a ses divisions. La moitié de l'once s'appelle *demi-once;* son quart se nomme *sicilicum*, *L.* 21, § 2, *ff. de ann. leg.;* une ancienne glose dit *sicilicum*, *o unkias tétarton;* la sixième partie se nomme *sextule*, la vingt-quatrième partie *simplium;* et deux *as* se nomment *dupondium* (double poids); trois *as*, *tripondium*, (triple poids); une ancienne glose dit *dupondium*, *diplous chrustinos dinoummon.* Ainsi le double poids est de 24 onces, le triple poids de 36 onces. Voyez *les Traités* de Volus. Mœcian., *et* de Balbus *de asse.*

sex *semis*; septem, *septunx*; octo, *bes*; novem, *dodrans*; decem, *decunx* vel *dextans*; undecim, *deunx*, adpellantur (1). Potest tamen testator vel naturalem divisionem sequi, vel assem in quotcunque uncias dividere (2).

(1) § 5, *Inst. h. t.*—(2) *L.* 47, § 1, *L.* 81, *pr. ff. de hered. inst.* § 5, *Inst. h. t.*

§ 542. Quum vero nemo possit pro parte testatus, pro parte intestatus decedere (§ 491, III.): consequens est, ut ita dividenda sit hereditas, ne quid ex toto asse supersit.

§ 543. Ex quo sequitur I. ut, si unus heres sine coherede (*a*), in semisse vel in re certâ institutus sit, is totum assem capiat (1). II. Ut si pluribus institutis coheredibus nullæ partes

(1) *L.* 1, § 4, *ff. de hered. inst.*

(*a*) Nam si coheredem habet is, qui in re certâ institutus est, legatarii loco habetur, *L.* 13, *C. h. t.*; si plures in re certâ instituti, singuli capiunt æquales portiones, licet eis testator res inæqualis pretii assignaverit, *L.* 9, § 13, *ff. h. t.* Ita tamen, ut singuli rem certam tanquam prælegatam habeant. *L.* 35, *Pr.* § 1, *ff. de hered. inst.*

quart); quatre onces, *triens* (*un tiers*); cinq onces, *quincunx*; six onces, *semis* (*une demie*); sept onces, *septunx*; huit onces, *bes* (*les deux tiers*); neuf onces, *dodrans* (*les trois quarts*); dix onces, *decunx* ou *dextans* (*les cinq sixièmes*); onze onces, *deunx* (1). Cependant le testateur peut ou suivre la division naturelle ou partager l'*as* en autant d'onces qu'il voudra (2).

§ 542. Personne ne pouvant décéder en partie *testat*, en partie *intestat* (§ 491, 3°), il suit, 3° qu'il faut partager l'hérédité, de manière que rien ne reste de la totalité de l'*as*.

§ 543. D'où il suit 1° que si un héritier est institué seul sans cohéritier pour la moitié ou pour une chose déterminée (*a*), il reçoit la totalité de l'*as* (1); 2° que si plusieurs héritiers sont institués sans qu'aucunes parts déterminées leur soient assignées, l'hérédité sera par-

---

(*a*) En effet, si l'héritier a un cohéritier, celui qui est institué pour une chose déterminée, est regardé comme légataire, *L.* 13, *C. h. t.*; mais, si plusieurs ont été institués pour une chose déterminée, chacun aura part égale, quoique le testateur leur ait assigné des choses d'un prix inégal, *L.* 9, § 13, *ff. h. t.* Mais cependant chacun prendra la chose déterminée, comme léguée par préciput. *L.* 35, *Pr.* § 1, *ff. de hered. inst.*

adscriptæ sint, hereditas inter eos æquis partibus dividatur(1): ita tamen, ut personæ plures conjunctæ pro unâ habeantur (2). III. Ut, si in asse aliquid supersit, id singulis pro ratâ accrescat: IV. sique plures unciæ factæ, istæ, quæ assem excedunt, singulis pro ratâ decrescant (3). V. Ut, si partes in quorundam personis expressæ, in aliorum non expressæ, hi, qui sine parte scripti sunt, vacantem portionem capiant; vel, si nihil supersit, ex asse fiat *dupondium*, vel, si et dupondium exhaustum, *tripondium* (§ 541, *); nisi testator addiderit: *ex reliquâ parte Titius heres esto*. Eo enim casu, exhausto asse, Titius nihil capit (4).

(1) § 6, *Inst. h. t. L.* 9, § 12, *ff. de hered. Inst.* — (2) *L.* 11, *L.* 13, *pr. ff. h. t.* — (3) § 7, *Inst. h. t.* — (4) *L.* 17, § 3, *ff. h. t.* § 6 *et* 8, *Inst. h. t. et L.* 18, *ff. h. t.*

§ 544. Ex eodem principio fluit, VI. posse quidem heredem institui vel PURE, vel sub CONDITIONE: ast non in diem; vel ex die. Unde dies appositus pro non scripto habetur, nisi incertum, an exstiturus sit, quia tunc dies loco conditionis est (*a*) (1).

(1) § 9, *Inst. h. t. L.* 75, *ff. de cond. et demonstr.*

(*a*) Si incertum sit, an sit exstiturus. Sin eum exstiturum certum est, incertum, quando: non nisi eo casu pro conditione est, si adscriptus sit extraneo, non si ipsi heredi, *L.* 9, *C. de her. inst. L.* 1, § 2, *L.* 79, *Pr. et* § 1, *ff. de cond. et dem.*

tagée entr'eux également (1); de sorte cependant que plusieurs personnes conjointes soient prises pour une seule (2); 3° que s'il reste quelque chose de l'*as*, ce reste accroît à chacun au prorata; 4° que s'il y a plus de douze onces, celles qui excèdent l'as décroissent pour chacun à proportion (3); 5° que si les parts sont exprimées pour certains héritiers, et non exprimées pour d'autres, ceux qui sont appelés sans part déterminée, prennent le reste de l'*as*; et s'il ne reste rien de l'*as*, on fait de l'as *un double poids;* et si ce double est épuisé par les portions déterminées, *un triple poids* (§ 541, *); à moins que le testateur n'ait ajouté *Titius sera l'héritier du reste;* auquel cas, l'as étant épuisé, Titius n'aura rien (4).

§ 544. Du même principe il découle, 6° qu'un héritier peut être institué ou *purement* ou sous *condition*, mais non pour commencer ou finir à un jour marqué. Ce qui fait que le terme est regardé comme non écrit, à moins qu'il ne soit incertain s'il existera, parce qu'alors le jour tient lieu de condition (*a*) (1).

(*a*) S'il est incertain qu'il doive arriver. Mais si l'événement est sûr, quoique l'époque en soit incertaine, dans ce cas il n'est regardé comme condition qu'autant qu'il est imposé à un étranger et non à l'héritier lui-même, *L.* 9, *C. de her. inst.* *L.* 1, § 2, *L.* 79, *Pr. et* § 1, *ff. de cond. et dem.*

§ 545. CONDITIO EST, περίστασις a quâ actus suspenditur, tanquam ab incerto eventu (*a*): eamque doctores, licet parum accurate, in POSSIBILEM et IMPOSSIBILEM (*b*), et illam iterum in POTESTATIVAM, CASUALEM, et MIXTAM dividunt.

§ 546. POTESTATIVAM vocant, *quæ est in heredis potestate*, verb. grat. *si Romam ibit*, vel *non ibit* (*c*); CASUALEM *quæ a fato pendet*, cujus lege immobilis rerum humanarum ordo

---

(*a*) Ergo conditio in præteritum vel præsens collata proprie non est conditio, *L.* 10, § 1, *ff. de condit. inst. L.* 120, *ff. et* § 4, *Inst. de V. O.* Unde nec hereditatem suspendit, sed vel infirmat, vel statim defert, prout conditio vel exstitisse intelligitur, vel non intelligitur.

(*b*) Impossibili enim conditioni vix adplicari potest definitio conditionis, quia semper certum est eam non exstituram. Voet. *Element. Jur. h. t.* § 8, vocabulum conditionis hic paullo latius accipi observat.

(*c*) Ea ergo in *affirmativam et negativam* dividitur. Ast hæc hereditatem non suspendit, sed statim illam adire potest heres, modo caveat, se contra conditionem non facturum. Quæ est cautio Mutiana, de quâ, *L.* 7, *Pr. ff. de cond. et dem.* (Vid. § 637, *).

§ 545. La *condition* est une circonstance de laquelle dépend un acte, comme d'un événement incertain (*a*). Les jurisconsultes divisent, quoique peu exactement, les conditions en *possible* et *impossible* (*b*); et cette dernière en *potestative*, *casuelle* et *mixte*.

§ 546. On appelle condition *potestative*, *celle qui est au pouvoir de l'héritier*, par exemple, *s'il va à Rome*, *ou s'il n'y va pas* (*c*); condition *casuelle*, *celle qui dépend du des-*

(*a*) Ainsi une condition qui se rapporte à un événement passé ou présent, n'est point une condition, *L.* 10, § 1, *ff. de condit. inst. L.* 120, *ff. et* § 4, *Inst. de V. O.* Ainsi elle ne suspend pas l'hérédité; mais l'infirme, ou la défère à l'instant, selon que l'on reconnaît que la condition a existé ou n'a pas existé.

(*b*) En effet, la condition impossible ne peut guère recevoir la définition donnée de la condition, car il est toujours certain qu'elle n'arrivera pas. Voet, *Elem. Jur. h. t.*, observe que le mot *condition* est pris ici dans un sens un peu trop étendu.

(*c*) Elle se divise en *affirmative* et *négative* : mais la négative ne suspend pas l'hérédité; l'héritier peut recueillir à l'instant, pourvu qu'il donne caution qu'il ne fera rien contre la condition; et c'est-là cette caution Mutienne dont parle la loi 7, *Pr. ff. de cond. et dem.* (Voyez ci-après, § 657, *).

seritur, verbi gratiâ, *si consul eligetur;* MIXTAM, *quæ partim ab arbitrio heredis, partim a fato, pendet :* veluti, *si Mævio consule Romam iverit* (1).

(1) *L.* 13, *ff. de acquir. hered. L. unic.* § 7, *Cod. de cad. toll.*

§ 547. IMPOSSIBILIS est conditio vel NATURA, verbi gratiâ *si flumen ebiberit,* vel LEGE, quæ id fieri non patitur, verbi grat. *si Mævium occiderit :* vel BONIS MORIBUS, quibus conditio repugnat, verbi gratiâ si *nudus in foro saltârit:* vel PERPLEXITATE VERBORUM, si verba inter se ita pugnant, ut conditio exitum invenire nequeat, verb. grat. *si Seius heres erit, Titius heres esto : sin Titius, Seius heres esto.*

§ 548. De illis observandæ regulæ : I. Conditio heredi suo adscribi nequit, nisi potestativa (1). II. Conditiones possibiles qualescumque extraneo adscriptæ implendæ sunt, et quidem omnes, si copulative; alterutra, si disjunctive adscriptæ sint; alias heredis institutio et legatum evanescit (2). III. Si simul in arbitrium alterius collata conditio, et per heredem non steterit quo minus impleatur, ea pro impletâ habetur (3).

(1) *L. ult. ff. de cond. inst. L.* 4, *pr. L.* 5, *L.* 6, *L.* 86, *ff. eod.*—(2) *L.* 5, *ff. de condit. instit.*—(3) *L.* 3, *L.* 23, *ff. eod. L.* 5, § 5, *quando dies legat. L.* 161, *ff. de reg. jur.*

tin, dont les arrêts fixent invariablement les événements de la vie humaine, par exemple, *s'il est nommé consul;* condition *mixte*, *celle qui dépend en partie de la volonté de l'héritier, en partie du destin*, par exemple, *s'il va à Rome sous le consulat de Mævius* (1).

§ 547. Une condition est *impossible* ou par la *nature*, exemple, *s'il boit tout un fleuve*, ou par *la loi* qui ne permet pas de faire la chose; exemple, *s'il tue Mævius;* ou par les *bonnes mœurs* qu'elle blesserait; exemple, *s'il se présente nu dans la place publique;* ou par la *perplexité des termes*, si les termes sont tellement opposés, que la condition ne puisse avoir d'effet; exemple, *si Seius est héritier, Titius sera mon héritier; et si c'est Titius, Seius sera mon héritier.*

§ 548. Sur les conditions possibles, il faut observer les règles suivantes: 1° on ne peut imposer à un héritier *sien* d'autre condition que la potestative (1); 2° les condition possibles, quelles qu'elles soient, imposées à un héritier étranger, doivent être remplies toutes, si elles sont copulatives; l'une ou l'autre, si elles sont disjonctives; autrement et l'institution d'héritier et le legs sont caducs (2); 3° si la condition est en même temps remise à la volonté d'un autre, et qu'il ne tienne pas à l'héritier de la remplir, elle est censée remplie (3).

§ 549. De his similiter observandæ regulæ. IV. Conditio impossibilis, sive naturâ, sive lege et moribus talis, pro non scriptâ habetur (*a*) (1). V. Conditio perplexa institutionem reddit inutilem (2), non præpostera (3) (§ 869). VI. Heres, ante conditionem existentem defunctus, hereditatem ad heredes non transmittit; quod et de legatario observandum (4). Aliud de contractibus infra observabimus (§ 825, IV).

(1) *L.* 1, *L.* 20, *pr. ff. de cond. Inst. L.* 45, *ff. h. t.* — (2) *L.* 16, *ff. de condit. instit. L.* 188, *ff. de reg. jur.* — (3) *L.* 25, *Cod. de testam.* — (4) *L.* 4, *pr. ff. quando dies legat. L. unic.* § 7, *Cod. de caduc. toll.*

(*a*) Aliud in contractibus, quos conditio impossibilis qualiscunque vitiat, § 10, *Inst. de inut. stipul. L.* 31, *ff. de obl. et act.* Ratio discriminis non obscura est. Contrahentes enim, dum in conditionem impossibilem consentiunt, aut jocari videntur, aut insanire. Heres autem in conditionem hujusmodi non consentit; et tamen testator, dum testamentum condidit, voluisse censetur ut voluntas exitum haberet,

§ 549. Sur les conditions impossibles, il faut pareillement observer les règles suivantes: 4° une condition impossible par la nature, la loi ou les mœurs, est réputée non écrite (a) (1); 5° une condition perplexe rend l'institution nulle (2); mais il n'en est pas ainsi de la condition appelée *prépostère* (3) (§ 869); 6° l'héritier décédé avant l'existence de la condition, ne transmet pas l'hérédité à ses héritiers; ce qu'il faut observer aussi à l'égard du légataire (4). Nous aurons lieu plus bas d'observer le contraire à l'égard des contrats (§ 824, 4°).

(a) Il en est autrement dans les contrats; ils sont toujours viciés par une condition impossible, § 10, *Inst. de inut. stipul. L.* 31, *ff. de obl. et act.* La raison de la différence est sensible: car les contractants, quand ils consentent à une condition impossible, paraissent vouloir s'amuser ou n'être pas dans leur bon sens; mais l'héritier n'a pas consenti à une pareille condition, et cependant le testateur, en écrivant son testament, est présumé avoir voulu que sa volonté eût un effet.

TITULUS XV.

De vulgari Substitutione.

§ 550. Quum heres succederet in omne jus defuncti (§ 534), adeoque et omne æs alienum solvere teneretur : I. facile contingebat, ut institutus heres adire nollet. Nec minus sæpe eveniebat, ut heres vel ante testatorem mortuus, vel capitis deminutionem passus, adire non posset, et sic quoque testamentum fieret destitutum (§ 577). Denique II. sæpe parentes, qui liberos impuberes, vel dementes instituerant, verebantur, ne hi, intra pubertatem properante fato exstincti, vel furore non remittente, intestati decederent. Eum ergo in finem repertæ sunt SUBSTITUTIONES, ne vel destitueretur testamentum, vel impubes demensve filius intestatus decederet.

§ 551. SUBSTITUTIO vero *est institutio heredis secundi* (tertii, quarti, etc.), *in locum deficientis primi* (1).

(1) *L.* 1, *Pr. L.* 36, *Pr. L.* 43, § 2, *ff. de vulg. et pupill. substit.*

§ 552. Quum ergo verba directa et imperativa ad hereditatem, precativa ad fideicom-

TITRE XV.

De la Substitution vulgaire.

§ 550. Comme l'héritier succédait à tous les droits du défunt (§ 534), et ainsi était tenu de payer toutes ses dettes : 1° il arrivait facilement que l'héritier institué ne voulait pas accepter la succession. Il n'arrivait pas moins souvent que l'héritier ou mort avant le testateur, ou changé d'état, ne pouvait accepter, et qu'ainsi le testament était abandonné (§ 577). Enfin 2° souvent les parents qui avaient institué leurs enfants impubères ou en démence, craignaient que ceux-ci, enlevés par une mort prématurée, avant la puberté ou le retour de la raison, ne décédassent intestats. On a donc imaginé les *substitutions*, pour que le testament ne fût pas abandonné, et qu'un fils en démence ou impubère ne mourût pas intestat.

§ 551. La substitution est l'*institution d'un second* (troisième ou quatrième) *héritier, à défaut du premier* (1).

§ 552. Et comme les termes directs et impératifs constituent l'hérédité; les termes prémissa pertineant (§ 493); sequitur, ut si quis substituerit verbis directis, substitutio DIRECTA sit; sin obliquis, FIDEICOMMISSARIA (*a*) (1). Jam de directâ loquimur.

(1) *L.* 7, *L.* 15, *ff. L.* 5, *L.* 7, *Cod. h. t. L.* 6, *L.* 77, *ff. ad SC. Trebell.*

§ 553. Ea, quum ob duplicem caussam fiat (§ 550), duplex est, vel VULGARIS vel PUPILLARIS, quarum altera alteri tacite inesse censetur (1). Unde utraque a doctoribus in EXPRESSAM et TACITAM dividi solet. Reliquæ enim species, quas addunt doctores, commode ad binas istas reducuntur. De vulgari hoc, de pupillari sequente titulo agendum.

(1) *L.* 4, *pr. ff. L.* 4, *Cod. de vulg. et pupill. substit.*

§ 554. VULGARIS est, *quando quilibet testator heredi substituit in casum, si institutus heres non fuerit* (1).

(1) *Pr. Inst. h. t.*

(*a*) Unde facile patet, quid inter utramque intersit. Directe enim substituitur in eum casum, si institutus heres non fuerit, vel si intra pubertatem decesserit: fideicommissaria vero supponit institutum, heredem factum, eidemque injungit, ut hereditatem restituat. Unde hîc detractioni quartæ Trebellianicæ locus est. Sæpe tamen verborum compendio utraque substitutio conjungitur. Exemplum elegans tractat Zach. Huber *Obs. rer. jur. Obs.* 82.

catifs, le fidéi-commis (§ 493), il suit que si quelqu'un substitue en termes directs, la substitution est dite *directe*, et si c'est en termes obliques, *fidéi-commissaire* (a) (1). Nous allons parler de la substitution directe.

§ 553. Comme elle se fait pour deux causes (§ 550), elle est double, *vulgaire*, ou *pupillaire*; et l'une est comprise tacitement dans l'autre (1); et de là chacune est divisée par les docteurs en *expresse* et *tacite* : car les autres espèces qu'ajoutent les docteurs se réduisent à ces deux là. On va traiter de la *vulgaire* dans ce titre, et de la *pupillaire* dans le suivant.

§ 554. La substitution *vulgaire* a lieu quand *un testateur quelconque substitue pour le cas où l'institué ne serait pas héritier* (1).

(a) Par-là on voit facilement la différence qui existe entre les deux; la substitution directe se fait pour le cas où l'héritier institué ne serait pas héritier, ou mourrait avant la puberté : la fidéicommissaire suppose que l'institué est devenu héritier, et lui enjoint de remettre l'hérédité. D'où il arrive que, dans ce dernier cas, il y a lieu à la détraction de la quarte Trébellianique. Souvent cependant, pour abréger, on comprend les deux sous la même formule. Zach. Huber. *Obs. rer. jur. Obs.* 82, a traité dans ce genre une question choisie.

§ 555. Quumque id duobus casibus contingere possit, si institutus vel NOLIT, vel NON POSSIT heres esse (§ 550, I.) : sequitur, I. ut ad utrumque casum pertineant verba, *si heres non erit.* II. Ut si alteruter tantum casus expressus sit, alter non expressus expresso contineatur (1).

(1) *L.* 3, *Cod. de hered. inst. L.* 4, *pr. ff. L.* 4, *Cod. h. t.*

§ 556. Quia ergo substitutio est institutio heredis secundi (§ 551) : sequitur I. ut iidem substitui possint, qui institui (§ 536 seq.). II. Ut et plures in locum unius, et unus in locum plurium, et singuli in locum singulorum recte substituantur (1). III. Ut et coheredes sibi invicem substitui queant, quam substitutionem vocamus RECIPROCAM vel MUTUAM (*a*) (2).

(1) § 1, *Inst. h. t. L.* 36, § 1, *ff. h. t.* — (2) *L.* 4, § 1, *ff. h. t. L.* 64, *ff. de legat.* 2.

§ 557. Et quoniam secundus heres substituitur in locum deficientis primi (§ 550) : IV. substitutus in dubio ad eamdem partem

---

(*a*) Doctores barbare *breviloquam* adpellant, et inde fingunt tertiam speciem substitutionis, sed revera ea *vulgaris*, et plerumque hodie frustranea est, quia coheredes inter se gaudent jure accrescendi, etiam si sibi invicem non sint substituti.

§ 555. Et comme cela peut arriver en deux cas, ou si l'institué ne *veut* pas être héritier, ou s'il ne le *peut* pas (§ 550, 1°), il suit 1° que ces mots, *s'il n'est pas héritier*, se rapportent aux deux cas, 2° que si l'on n'a exprimé que l'un des deux, celui qui n'est pas exprimé est contenu dans l'autre (1).

§ 556. Et comme la substitution est l'institution d'un second héritier (§ 551), il suit 1° que l'on peut substituer ceux qui peuvent être institués (§ 536 et suiv.); 2° que l'on peut substituer plusieurs en place d'un seul, ou un seul en place de plusieurs, et un seul à la place de chacun en particulier (1); 3° que les cohéritiers peuvent être substitués entr'eux mutuellement; et cette substitution se nomme *réciproque* ou *mutuelle* (*a*) (2).

§ 557. Et puisque le second héritier est substitué en place et à défaut du premier (§ 550); il suit 4° que le substitué, dans le doute,

(*a*) Les docteurs l'appellent d'un nom barbare, *breviloqua*, abrégée, et de là forment une troisième espèce de substitution; mais dans la vérité c'est une substitution *vulgaire*, et aujourd'hui elle est presque toujours inutile, parce que les héritiers ont entr'eux le droit d'accroissement, quoiqu'ils ne soient pas réciproquement substitués entr'eux.

vocatus esse intelligitur, quam accepisset institutus (1). V. Substituto ante institutum mortuo (2), vel instituto hereditatem semel adeunte (*a*), substitutio exspirat, quamvis qui

(1) § 2, *Inst. L.* 24, *ff. h. t.* — (2) *L.* 1, § 5, *ff. de cad. toll.*

(*a*) Excipitur casus in § *ult. Inst. h. t. et L.* 40 *et* 41, *ff. de hered. inst.* Nam si servus alienus, quem testator patremfamilias esse arbitrabatur, heres scriptus, ei que vulgariter substitutus est Mævius : servo jussu domini hereditatem adeunte, Mævius nihilominus in partem admittitur. Sed in quantam? In *d.* § *ult. et L.* 41, de dimidiâ videtur sermo esse. In *L.* 40, contra legitur : *Igitur in hoc casu semisses fient, ita ut alter semis inter eum, qui dominus instituti heredis fuerit, et substitutum dividatur.* Unde Cujacius acute pro *alter semis* legit : *As*, quasi scribæ inde sibi notas vel litteras singulares finxerint, easque interpretati sint *alter semis*. Sed salva res videtur. *Lex* enim 40 manifesto duas species tractat. Prior hæc est : Paterfamilias instituerat Titium, servum, quem ingenuum putabat, eique substituebat Sempronium. Titio jussu domini adeunte hereditatem, quærebatur an Sempronius in partem admittendus sit? Respondet Julianus, *d. L.* 40 : *Potest dici Sempronium in partem hereditatis* (scilicet dimidiam) *admitti.*

est supposé appelé à la même part qu'aurait reçue l'institué (1); 5° que le substitué mourant avant l'institué (2), ou l'institué acceptant une fois l'hérédité (a), la substitution n'a plus

(a) On excepte le cas du § *dern. Inst. h. t. et L.* 40 *et* 41, *ff. de hered. inst.* Car, si un esclave étranger, que le testateur croit père de famille, a été institué héritier, et que Mævius lui soit substitué vulgairement, l'esclave acceptant l'hérédité par ordre de son maître, Mævius n'en est pas moins admis pour une part. Mais pour laquelle? Dans ce § dernier et dans la loi 41, il semble que c'est la moitié. Au contraire, on lit dans la loi 40: *Ainsi, dans ce cas, on fera de l'hérédité deux moitiés, de sorte qu'une de ces moitiés se partagera entre le maître de l'héritier institué, et le substitué.* Cujas, en place de ces mots *alter semis* (une de ces moitiés), lit: *as* (l'hérédité), et suppose avec sagacité que les copistes auraient pris chaque lettre pour une abréviation, et l'auraient interprétée par *alter semis*. Mais la chose peut s'expliquer par elle-même; car la loi 40 propose clairement deux espèces. La première est celle-ci: Un père de famille avait institué Titius, esclave, qu'il croyoit ingénu, et il lui avait substitué Sempronius. Titius ayant, par l'ordre de son maître, accepté l'hérédité, on demandait si Sempronius devait être admis. Julien répond, dans cette loi 40: *On peut dire que Sempronius doit être admis pour* hereditatem adiit minor, restitutus sit contra aditionem (1).

(1) *L.* 3, § 4, *L.* 7, § 10, *ff. de minor. L.* 5, *Cod. h. t.*

§ 558. Quia denique substitutiones inventæ, ne testamenta destituantur (§ 550): porro inde inferebant jureconsulti; VI. substitutum substituto, substitutum etiam instituto videri (1).

(1) § 1, *Inst. h. t.*

Altera species hæc est: Paterfamilias instituerat Titium, tum ingenuum, sed postea deductum in servitutem, eique substituerat Sempronium. Titio jussu domini adeunte hereditatem, quærebantur an et in quam partem admittendus esset Sempronius? Respondet Julianus: *Quæ adjectio ad* EOS *pertinet, qui patresfamilias heredes scripti, postea in servitutem deducti fuerint. Igitur* IN HOC CASU *semisses fient, ita ut alter semis inter eum, qui dominus instituti heredis fuerit, et substitutum æquis portionibus dividatur;* alter vero penes dominum maneat; cujus hoc casu vel ideo melior erat conditio, quod testator non, uti in priore, circa statum heredis instituti erraverat. Ita nec opus emendatione, nec caussa est, cur Juliano ἀκυρολογία tribuatur. Simile quid in mentem venisse video Marco Lyklamæ, Membran. *lib.* 5, *eclog.* 15, *pag.* 187, et *Osw*, *Hillig. Donell. enucl.*, *lib.* 6, *cap.* 24, *litt. L*, *pag.* 422, *seq.*

lieu, quand même l'héritier mineur qui aurait accepté serait restitué contre l'adition (1).

§ 558. Enfin comme les substitutions ont été inventées pour que les testaments ne fussent pas abandonnés (§ 550), de là les jurisconsultes concluaient, 6° que le substitué au substitué paraît aussi substitué à l'institué (1).

---

une part, (c'est-à-dire pour la moitié.) L'autre espèce est ainsi posée : Un père de famille avait institué Titius alors ingénu, mais qui dans la suite avait été réduit en servitude, et lui avait substitué Sempronius. Titius avait accepté l'hérédité par ordre de son maître ; on demandait si Sempronius devait être admis avec lui, et pour quelle part? Julien répond : *Cette addition a rapport à ceux qui étant institués lorsqu'ils étaient pères de famille, ont été ensuite réduits en servitude. Ainsi, dans ce cas, on fera deux moitiés, de manière qu'une de ces deux moitiés soit divisée également entre le maître de l'héritier institué et le substitué ; et que l'autre moitié reste au maître*, dont la condition, dans ce cas, est meilleure, parce que le testateur n'avait pas été, comme dans la première espèce, induit en erreur sur l'état de l'héritier institué. Ainsi la correction n'est pas nécessaire, et il n'y a pas de raison pour attribuer à Julien une négligence. Je vois qu'une idée à peu près semblable est venue à Marc Lyklama, *liv.* 5, *eclog.* 16, *pag.* 187, *et Osw. Hillig. Donell, enucl.*, *liv.* 6, *ch.* 24, *lettre L*, *pag.* 422 *et suiv.*

TITULUS XVI.

De Pupillari Substitutione.

§ 559. Hactenus de substitutione *vulgari*: sequitur PUPILLARIS: cujus quum is finis sit, ut ne liberi impuberes intestati moriantur (§ 550): facile intelligetur ejus definitio, quod sit *substitutio facta liberis impuberibus, in potestate testatoris constitutis, et in alterius potestatem, eo mortuo non recasuris, in eum casum, si intra pubertatem decesserint* (1).

(1) *Pr. Inst. h. t. L.* 8, *Cod. de imp. et al. subst.*

§ 560. Ex eâ definitione fluunt axiomata: I. fundamentum substitutionis pupillaris est patria potestas (§ 139, X). II. Ejus caussa est ætas immatura, intra quam testamentum condi nequit (§ 516, VII). III. Substitutio pupillaris non quidem ratione solemnitatum externarum, sed tamen ratione institutionis, duplex testamentum conplectitur (1).

(1) § 2, *Inst. h. t. L.* 2, § 4, *L.* 16, § 1, *L.* 20, § 1, *ff. de vulg. et pupill. subst.*

§ 561. Quum ergo fundamentum substitutionis hujus sit patria potestas (§ 560, I): sequitur, I. ut pater dumtaxat hoc modo sub-

TITRE XVI.

De la Substitution Pupillaire.

§ 559. Jusqu'ici on a traité de la substitution vulgaire : vient ensuite la *pupillaire ;* et comme son but est que les enfants impubères ne meurent pas intestats (§ 550), on conçoit facilement pourquoi elle est définie : *La substitution faite aux enfants impubères en puissance du testateur, et qui à sa mort ne retomberont pas sous la puissance d'un autre, et cela pour le cas où ils décéderaient avant la puberté* (1).

§ 560. De cette définition découlent les axiômes suivans : 1° le fondement de la substitution pupillaire est la puissance paternelle (§ 139, 10°); 2° sa cause est l'âge trop peu avancé pour faire un testament (516, 7°); 3° la substitution pupillaire, non à raison des solennités externes, mais à raison de l'institution, renferme deux testaments (1).

§ 561. Ainsi comme le fondement de cette substitution est la puissance paternelle (§ 560, 1°), il suit 1° que le père seul peut substituer stituat, quum mater tantum vulgariter substituere possit, quippe cujus in potestate liberi non sunt constituti (§ 136) (1). II. Ut pater substituat tantum suis, et posthumis non emancipatis (§ 190), nec III. nepotibus in patriam potestatem recasuris, nisi ex formulâ legis Juniæ Velleiæ (2). IV. Ut substituere possit etiam exheredatis (§ 192, III) (3), tametsi ab eisdem vel eorum substitutis legata relinqui non possint (*a*) (4). V. Ut evanescat substitutio, si filius a testatore ante mortem emancipatus, vel post ejus mortem arrogatus sit, quod tamen sine accuratâ caussæ cognitione haud permittendum (§ 181) (5).

(1) *Pr. inst. L.* 22, *ff. h. t.* — (2) *L.* 2, *pr. ff. h. t.* — (3) *L.* 1, § 2, *L.* 10, § 5, *ff. eod.* — (4) *L.* 41, § 3, *ff. h. t. L.* 41, § 3, *ff. de test. milit.* — (5) *L.* 17, § 1, *ff. de adopt.*

§ 562. Quumque deinde hujus substitutionis caussa sit ætas immatura, intra quam liberi testamentum condere nequeunt (§ 560, II.): consequens est, VI. ut filio substitui non pos-

---

(*a*) Generalis enim ea regula est: *Neminem esse magis onerandum, quam sit honoratus*, *L.* 9, *C. de fideic.*, *L.* 114, § 3, *L.* 122, § *ult. ff. de legat.* 3, § 1, *Inst. de sing. reb. per fideic. relict.*

de cette manière, tandis que la mère ne peut substituer que vulgairement, parce que les enfants ne sont pas en sa puissance (§ 136) (1); 2° que le père substitue seulement aux enfants siens et à ses posthumes, mais non aux émancipés (§ 190), ni 3° à ses petits-fils lorsqu'ils doivent retomber sous la puissance paternelle, si ce n'est suivant la formule de la loi Junia Velleia (2); 4° qu'il peut substituer même aux enfants qu'il déshérite (§ 192, 3°) (3), quoiqu'il ne puisse grever de legs ni eux ni leurs substitués (*a*); 5° que la substition devient caduque, si le fils a été émancipé par le testateur avant sa mort, ou après la mort de celui-ci, adrogé par un autre : ce qui cependant ne devait être permis qu'après une information très-exacte (§ 181) (5).

§ 562. Et comme ensuite la cause de cette substitution est le défaut de maturité d'un âge auquel les enfants ne peuvent faire de testament (§ 560, 2°), il suit 7° qu'un père ne

(*a*) En effet, c'est une règle générale que : *Personne ne doit être plus grevé qu'il n'est honoré*, (c'est-à-dire avoir plus de charges que d'avantages), *L.* 9, *Cod. de fideic. L.* 114, § 3, *L.* 122, § *ult. ff. de legat.* 3, § 1, *Inst. de sing. rebus. per fideic. relict.*

sit, nisi intra annos pubertatis (1), quamvis ad brevius tempus id fieri queat (2); VII. ut, si ad pubertatem pervenerit pupillus, substitutio evanescat (3), nec non si tempus, ad quod substitutum, elapsum (4).

(1) *L.* 14, *ff. h. t.*—(2) *L.* 21, *ff. h. t.*—(3) *L.* 14, *ff. eod.* -(4) *L.* 21, *ff. eod.*

§ 563. Denique quum substitutio pupillaris duplex testamentum complectatur (§ 560, III.): recte inde infertur, VIII. patrem non substituere posse filio, nisi sibi prius testamentum faciat, et primo sibi, deinde filio heredem scribat (1); IX. casu existente, substitutum non modo bona a patre profecta, sed et reliqua omnia adventitia (§ 491, III), accipere, adeoque omnes alios, ipsamque matrem, excludere (2), quippe quæ ne legitimam quidem petere potest (*a*) (3). X. Unde et infirmato

(1) *L.* 2, § 4, § *ult. ff h. t.* § 2, *Inst. h. t.* - (2) *L.* 8, § 5, *ff. de inoff. test.* — (3) *L.* 8, § 15, *ff. eod.*

(*a*) Æquitas tamen, et argumentum ex *L.* 30 *et L.* 32, *ff. de inoff. test.*, ductum, suadere videntur, ut matri salva esse judicetur legitima ex bonis filii adventitiis. Vid. Westemberg. *Princ. jur. sec. ord. Dig. h. t.* § 40, *et Dissert* 2, *de port. legit. cap.* 3, § 6.

peut substituer à son fils que jusqu'à l'âge de puberté (1), quoique cela puisse se faire pour un temps plus court (2); 7° que si le fils parvient à la puberté, la substitution devient caduque (3), de même que lorsque le temps jusqu'auquel on a substitué est écoulé (4).

§ 563. Enfin, comme la substitution pupillaire renferme deux testaments (§ 560, 3°), on peut en inférer 8° que le père ne peut substituer à son fils, à moins que d'abord il ne fasse un testament pour lui-même, et qu'il ne nomme un héritier d'abord pour lui, ensuite pour son fils (1); 9° que le cas de la substitution existant, le substitué recueille non-seulement les biens provenants du père, mais encore tous les biens adventifs (§ 491, 3°), et ainsi exclut tous autres héritiers, et même la mère (2), puisqu'elle ne peut pas même demander une légitime (*a*) (3), et par conséquent aussi 10° que le testament du père étant

---

(*a*) Cependant l'équité et l'argument tiré des Lois 30 et 32, *ff. de inoff. test.*, portent à croire que la mère doit obtenir sa légitime sur les biens adventifs de son fils. Voyez Vestemberg. *Princ. jur. sec. ord. Dig. h. t.* § 40, *et Dissert.* 2, *de port. legit. ch.* 3, § 6.

patris testamento (*a*), substitutio, quæ ejus sequela est, corruit (1).

(1) § 5, *Inst. L.* 2, *pr. ff. h. t.*

§ 564. Ad exemplum pupillaris substitutionis et alia invecta (1), quam EXEMPLAREM, QUASI-PUPILLAREM, itemque JUSTINIANEAM vocant. Quum enim nec furiosi, nec mente capti, vel sensibus orbi, testari possint (§ 516, V.), eosque parentes intestatos mori nollent (§ 550): Justinianus concessit parentibus, tanquam qui naturali στοργῇ inducti optime de sanguine suo judicare censentur, ut ejusmodi liberis substituere possint, in eum casum, si in eo statu decesserint (2).

(1) *L.* 9, *Cod. de Impub. et al. subst.*—(2) § 1, *Inst. h. t.*

§ 565. Ergo hujus substitutionis fundamentum non est patria potestas (§ 560, I.), sed στοργῇ. Ex eoque sequitur, I. ut ita recte substituant parentes utriusque sexûs. II. Ut substituant liberis dementibus, institutis sal-

---

(*a*) Præterquam, si paternum testamentum rescindatur querelâ inofficiosi. Nam tunc capita omnia præter heredis institutionem, salva manent. *Nov.* 115, *cap.* 3, § *ult.*

infirmé (*a*), la substitution qui en est la suite, tombe avec lui (1).

§ 564. A l'imitation de la substitution pupillaire, a été introduite une autre substitution (1), que l'on nomme *exemplaire, quasi-pupillaire*, ou *Justinienne*; car, comme ni les furieux, ni les insensés, ni ceux qui sont privés de leurs sens, ne peuvent tester (§ 516, 5°), et que leurs père et mère ne voulaient pas qu'ils mourussent intestats (§ 550), Justinien a accordé aux pères et mères, comme à ceux que l'affection naturelle doit le mieux inspirer sur leur propre sang, le pouvoir de substituer aux enfants qu'ils auraient dans cet état, et pour le cas où ils mourraient dans ce même état (2).

§ 565. Ainsi le fondement de cette substitution n'est pas la puissance paternelle (§ 560, 1°), mais l'affection des parents; d'où il suit 1° que le pouvoir de substituer ainsi appartient au père et à la mère; 2° qu'ils substituent à leurs enfants en démence, institués au moins pour

---

(*a*) Excepté lorsque le testament du père est rescindé par la plainte de testament inofficieux : car, dans ce cas, tous les chefs du testament, excepté l'institution d'héritier, subsistent. *Nov.* 115, *ch.* 5.

tim in legitimâ, non exheredatis (1). III. Ut bene consulere teneantur posteritati suæ, adeoque primo substituant furiosi vel mente capti liberos, deinde, his non exstantibus, ejusdem fratres et sorores, et his denique deficientibus, quem lubet (2).

(1) § 1, *Inst. h. t. d. L.* 9, *Cod. de impub. et al. substit.* — (2) *D. L.* 9, *eod.*

§ 566. Quumque ob eam caussam inventa sit hæc substitutio, quod hujusmodi liberi testari ipsi nequeunt (§ 564): inde inferendum, I. quod substitui possit non solum furiosis et mente captis, verum etiam II. prodigis, III. surdis et mutis (§ 516), etiam puberibus: et IV. quod ea substitutio evanescat, postquam furiosus resipuit vel prodigo bonorum reddita administratio, vel surdus et mutus sensibus uti cœpit (1).

(1) *D. L.* 9, *Cod. de impub. et al. substit.*

§ 567. Addi solet SUBSTITUTIO MILITARIS. Quum enim miles omnibus legibus circa testamenti factionem solutus sit (§ 502); nec eum obstringunt regulæ de substitutione. Unde et *privilegiata* vocatur hæc substitutio. Ex quo consequitur, I. ut miles et liberis ultra pubertatem, et II. extraneis, in casum quo heredes futuri sint, et quandocunque, vel si intra certum tempus decesserint, substituere possit in la légitime et non aux déshérités (1); 3° qu'ils doivent veiller aux intérêts de leur postérité; et ainsi substituer d'abord les enfants du furieux ou de l'insensé; et s'il n'en a pas, ses frères et sœurs; et à défaut de ceux-ci, qui leur plaira (2).

§ 566. Et comme cette substitution a été imaginée parce que les enfants en cet état ne peuvent tester (§ 564), il suit de là 1° que l'on peut substituer non-seulement aux furieux et aux insensés, mais aussi 2° aux prodigues, 3° aux sourds et aux muets (§ 516), même pubères, et 4° que cette substitution devient nulle lorsque le furieux est venu à résipiscence, ou que le prodigue a été réintégré dans l'administration de ses biens, ou que le sourd et muet a recouvré l'usage de ses sens (1).

§ 567. On a coutume d'ajouter ici la *substitution militaire*. Car, comme le militaire n'est astreint à aucune des lois sur la faction de testament (§ 502), il n'est point non plus asservi aux règles des substitutions. De là cette substitution militaire est dite *privilégiée;* d'où il suit que le militaire peut substituer 1° à ses enfants au-delà de la puberté, et 2° aux étrangers, dans le cas même où ils seraient héritiers; à iis bonis, quæ ab eo ad heredem profecta sunt (1).

(1) *L.* 15, *ff. de vulg. et pupill. substit. L.* 6, *Cod. de test. milit. L.* 8, *Cod. de impub. et al. substit.*

TITULUS XVII.

Quibus modis Testamenta infirmantur.

§ 568. TESTAMENTA infirmantur variis modis, quos jureconsulti, verborum curiosissimi, totidem vocabulis distinguere solent. Aliud enim testamentum I. NULLUM est, aliud II. INJUSTUM, aliud III. RUPTUM, aliud IV. IRRITUM, aliud V. DESTITUTUM, aliud VI. RESCISSUM vocatur.

§ 569. I. NULLUM est, quod ab initio non subsistit, vel 1° ob defectum solemnitatis internæ (§ 492 *seq.*), id est, heredis institutionis, verb. grat. si liberi sui nati præteriti (*a*),

---

(*a*) Nam emancipati et posthumi præteriti testamentum patris nullum non reddunt, si quidem id jure factum initio, *L.* 3, § 4, *ff. h. t.*; sed illi bonorum possessionem petunt, hi agnatione rumpunt. Idem dicendum de præteritis a matre, vel avo materno qui nec ipsi testamentum, querelâ nullil'époque qu'il lui plaît, ou s'ils décèdent avant un certain temps, mais cela quant aux biens qui passent de lui à son héritier (1).

TITRE XVII.

De quelles manières sont infirmés les Testaments.

§ 568. Les testaments sont infirmés de différentes manières, que les jurisconsultes, très-exacts dans leurs dénominations, ont coutume de désigner par autant de termes propres. Ils distinguent en effet, 1° le testament *nul*, 2° l'*informe*, 3° le *rompu*, 4° l'*inutile*, 5° l'*abandonné*, 6° le *rescindé*.

§ 569. 1° Le testament *nul* est celui qui, dès le principe, ne subsiste pas, soit 1° par défaut de solennité interne (§ 492 *et suiv.*), c'est-à-dire d'institution d'héritier, par exemple si les enfants siens et déjà nés sont prétérits (*a*),

---

(*a*) En effet les posthumes et les émancipés prétérits ne rendent pas nul le testament du père, puisqu'il est régulièrement fait dans le principe, *L.* 3, § 4, *ff. h. t.*; mais les émancipés demandent la possession des biens : les posthumes, par leur agnation, rompent le testament. Il faut dire la même chose des prétérits dans le testament de la mère ou de l'aïeul maternel qui attaquent aussi le testa-

(§ 526), (1), vel 2° ob inhabilitatem testatoris (§ 514 *seq.*) (2).

(1) *L.* 1, *ff. de injust. rupt. irrit.*—(2) *L.* 1, *ff. eod.*

§ 570. II. Injustum dicitur, *quod itidem ab initio non subsistit, quia non rite et jure factum, atque omissæ in eo sunt solennitates externæ* (§ 594 seq.) (1).

(1) *L.* 1, *ff. de injust. rupt. irrit.*

§ 571. Et ejusmodi testamenta *nulla et injusta* tota corruere, et ne legata quidem aliaque capita subsistere, satis adparet ex eo quod *Novella* (1), non de querelâ nullitatis, sed inofficiosi, agat (2). Injusta tamen aliquando sustinentur per clausulam codicillarem, de quâ paullo post (§ 685 seq.).

(1) *Novel.* 115, *cap.* 3.—(2) Huber. *Prælect. ad. Inst. L.* 2, *tit.* 13, § 2.

§ 572. III. Rumpitur testamentum, *quum in eodem statu manente testatore ipsius testamenti jus vitiatur* (1). Idque fit I. per agnationem posthumi, vel *naturalem*, si herès suus post testamenti factionem nascitur, vel *civilem*, si testator vel arrogat, vel descendentem

(1) § 1, *Inst. h. t.*

---

tatis, sed querelâ inofficiosi impugnant. Vid. Hub. *Prælect. ad Inst. lib.* 2, *tit* 13, § 2 *seq.*

(§ 526) (1), soit 2° parce que le testateur n'avait pas la capacité (§ 514 *et suiv.*) (2).

§ 570. 2° Le testament *informe* est celui qui est pareillement nul dès le principe, parce qu'il n'est pas fait selon la forme et le droit, et qu'on y a omis les solennités extérieures (§ 594 et suiv.) (1).

§ 571. Ces testaments nuls et informes n'ont aucune force : aucun legs, aucun autre chef ne subsiste; et c'est ce que démontre suffisamment la *Novelle* (1), en traitant non de la plainte en nullité, mais de la plainte de testament inofficieux (2). Cependant les testaments informes se soutiennent quelquefois par la clause codicillaire, dont on traitera bientôt (§ 685 et suiv.).

§ 572. 3° Un testament est *rompu* lorsque *le testateur demeurant dans le même état, le droit du testament est vicié* (1), et cela arrive 1° par l'agnation d'un posthume; agnation soit *naturelle*, si un héritier sien naît après le testament, soit *civile*, si le testateur adroge un fils, ou adopte un descendant, ou légitime un

---

ment, non par la plainte de nullité, mais par la plainte d'inofficiosité. Voy. Huber. *Prælect. ad. Inst. liv.* 2, *tit.* 13, § 2 *et suiv.*

adoptat, vel naturalem legitimat, vel nepos succedit in locum sui heredis (1).

(1) § 1, *Inst. h. t.* § 2, *Inst. de hered. quæ ab intest.*

§ 573. Idem fit II. mutatâ testatoris voluntate, sive ipse novum testamentum jure perfecto condat (*a*) (§ 491, V.) (1), (licet ex posteriore heres non exstiterit (2), vel priori adjecta sit clausula derogatoria) (*b*) (3), sive prius

(1) § 2, *Inst. h. t. L.* 1 *et* 2, *ff. de injust. rupt. irrit.* — (2) *D.* § 2, *Inst. h. t.* — (3). *L.* 6, § 2, *ff. de jur. codicill.*

(*a*) Aliquando tamen prius testamentum subsistit; I. si posterius ob filii præteritionem nullum est, *L.* 16, § 1, *ff. de vulg. et pupill. subst.*; II. si posteriores tabulæ vacuæ sint, *L.* 11, *ff. de injust. rupt. irr. test.*; III. si conditio de præsenti vel præterito, inserta posteriori, non existat, *L.* 16, *ff. eod.* Non nunquam ex utroque succeditur, tanquam ex uno, si non constet utrum sit posterius *L.* 1, § 6. *ff. de bon. posses. sec. tab.* denique si testator in posterioribus tabulis aliquem ex re certâ instituerit et addiderit, etiam priores valere debere: heres in re certâ scriptus rogatus censetur ut reliqua heredi in prioribus tabulis scripto restituat, § 3, *Inst. h. t.*

(*b*) Testamenti factio enim est actus μονόπλευρος, cujus ea natura est, ut nemo sibi ipsi legem dicere enfant naturel, ou si un petit-fils succède en place d'un héritier sien (1).

§ 573. La même chose arrive 2° par le changement de volonté du testateur, soit que lui-même fasse un nouveau testament dans les formes (*a*) (§ 491, 5°) (1), (quand même celui qui est institué dans le second testament ne deviendrait pas héritier (2), et quand même on aurait ajouté au premier la clause dérogatoire) (*b*) (3), soit qu'il ait révoqué son pre-

---

(*a*) Quelquefois cependant le premier testament subsiste, 1° si le second est nul par la prétérition du fils, *L.* 16, § 1, *ff. de vulg. et pupill. subst.*; 2° si le second testament est sans institution, *L.* 11, *ff. de injust. rupt. irr. test.*; 3° si la condition d'un événement futur ou passé, insérée dans le second, vient à défaillir, *L.* 16, *ff. eod.* Quelquefois on succède, d'après les deux testaments, comme n'en faisant qu'un seul, si l'on ne peut voir quel est le dernier, *L.* 1, § 6, *ff. de bon. posses. sec. tab.* Enfin, si le testateur, dans le second testament a institué quelqu'un pour une chose déterminée, en ajoutant que le premier testament serait valable, l'héritier institué pour une chose certaine est censé prié de restituer le reste à l'héritier institué par le premier testament, § 3, *Inst. h. t.*

(*b*) La faction de testament est un acte *unilatéral* dans lequel personne ne peut s'imposer à soi-même testamentum coram tribus ad minimum testibus revocârit, accesseritque lapsus decennii (1); sive prius aboleverit, deleverit, induxerit, superscripserit (2).

(1) *L.* 27, *Cod. de test.* — (2) *L.* 1, *ff. de his quæ in test. del.*

§ 574. Et ruptum testamentum totum corruit, nisi sustineatur beneficio prætoris : qui bonorum possessionem etiam ex rupto testamento dare solet, I. si posthumus, qui rupit (§ 572), vivo testatore decessit (1), II. Si testator tabulas posteriores incidit, ut priores supremas relinqueret (2).

(1) *L.* 12, *de injust. rupt. irrit.* — (2) *L.* 11, § 2, *ff. de bon. possess. sec. tab.*

§ 575. V. Irritum fit testamentum, *si status testatoris mutatur*, id est, si is vel maximam, vel mediam, vel minimam capitis deminutionem patitur (1). Quum enim per capitis deminutionem maximam fiat servus, per mediam peregrinus, per minimam filiusfamilias (§ 225) : et nec servus (§ 514, I), nec peregrinus (§ 514, III), nec filiusfamilias (§ 514, IV),

(1) § 4, *Inst. h. t. L.* 6, § 5, *ff. de injust. rupt. irrit.*

---

possit, a quâ non liceat discedere, *L.* 6, § 2, *ff. de jur. codic.* Et hæc vera est ratio regulæ : Voluntas hominis est ambulatoria usque ad mortem (§ 491), *L.* 4, *ff. de adim. vel transf. leg.*

mier testament devant trois témoins, et que depuis il se soit écoulé dix ans (1), soit qu'il ait détruit son premier testament, soit qu'il l'ait effacé, rayé, ou surchargé (2).

§ 574. Un testament rompu s'écroule tout entier, à moins qu'il ne soit soutenu par le secours du préteur qui a coutume de donner la possession des biens, même en vertu d'un testament rompu; 1° si le posthume qui a rompu le testament (§ 572) est mort du vivant du testateur (1); 2° si le testateur a déchiré le dernier testament pour laisser subsister le premier (2).

§ 575. Le testament devient *inutile*, si le testateur change d'état, c'est-à-dire s'il souffre la grande, la moyenne ou la petite diminution de tête (1). Car, comme par le grand changement d'état, il devient esclave; par le moyen, étranger; et par le petit, fils de famille (§ 225), et que ni un esclave (§ 514, 1°), ni un étranger (§ 514, 3°), ni un fils de famille (§ 514, 4°),

---

une loi dont il ne pourrait pas s'exempter, *L.* 6, § 2, *ff. de jur. Cod.*; et la véritable raison de cette règle est que : *La volonté de l'homme est ambulatoire jusqu'à la mort* (§ 491), *L.* 4, *ff. de adim. vel. transf. leg.*

testamentum condere possit, facile patet, testamentum ita incidere in casum, a quo incipere non possit (1).

(1) *L.* 98, *pr. ff. de verb. oblig.*

§ 576. Et hoc tamen testamentum nonnunquam sustinet prætor et scripto heredi dat bonorum possessionem secundum tabulas, dum testator tempore mortis civis Romanus et suæ potestatis fuerit (1), et si minima capitis deminutio testamentum irritum fecit, nova voluntatis testatio accesserit (2).

(1) § 6, *Inst. h. t. L.* 12, *ff. de injust. rupt. irrit.* — (2) *L.* 11, § 2, *ff. de bon. poss. sec. tab.*

§ 577. V. Destitutum dicitur testamentum, *ex quo heres non existit, sive nolit hereditatem adire, sive ob mortem, vel deficientem conditionem, non potuerit* (1). Ergo his casibus res ad caussam intestati redit (2).

(1) § 7, *Inst. de hered. quæ ab intest.* — (2) *Pr. Inst. eod. L.* 181, *ff. de reg. jur.*

§ 578. Postremo VI. rescinditur testamentum facto judicis, post *querelam inofficiosi*, de quâ titulo sequente.

ne peuvent faire un testament ; il est clair que le testament tombe dans un cas où il ne pouvait pas être fait (1).

§ 576. Et cependant quelquefois le préteur fait valoir un pareil testament, et donne à l'héritier institué la possession selon les tables, pourvu qu'au temps de sa mort le testateur ait été citoyen romain et père de famille (1); et que si le testament est devenu inutile par le petit changement d'état, le testateur ait manifesté de nouveau sa volonté (2).

§ 577. 5° Un testament est dit *abandonné*, lorsqu'*il n'existe par suite de ce testament aucun héritier, soit que l'institué ne veuille pas accepter la succession, soit qu'il n'ait pas pu le faire ou à cause de sa mort, ou à défaut d'avoir rempli la condition* (1). Ainsi, dans ce cas, le défunt redevient intestat (2).

§ 578. Enfin 6° un testament est *rescindé* par sentence du juge, sur la *plainte de testament inofficieux*, dont nous allons parler dans le titre suivant.

TITULUS XVIII.

De Inofficioso Testamento.

§ 579. PARENTES olim suo lubitu liberos exheredes scribere potuisse, observatum est (§ 520). Sed quum id sæpe inique fieret, sensim ejus modi testamenta impugnari cœperunt *querelâ inofficiosi*, quam nec ex constitutionibus principum, nec ex edicto prætoris, nec ex lege quâdam Gliciâ, sed ex moribus et interpretatione Prudentûm esse docuimus (1).

(1) *Antiquit. rom. h. t.* § 5.

§ 580. Quum enim injuste exheredatis nec lex, nec prætor, succurreret : callide jureconsulti uti eos jubebant colore furoris, ac si pater integræ mentis non fuisset, qui tam maligne de sanguine suo judicâsset (1). Hanc ergo actionem vocabant QUERELAM, quia cognati proprie non accusare et litigare, sed *conqueri* inter se dicebantur (2). Vocabant *querelam* INOFFICIOSI, quia, quemadmodum *beneficia alienorum sunt, ita officia eorum, quos necessitudo suscitat, et opem ferre jubet* (3).

(1) Bynkersh. *Obs. lib.* 2, *cap.* 12.—(2) Voss. *Inst. orat. lib.* 2, *cap.* 6, § 2.—(3) Senec. *lib.* 3, *de benef. cap.* 18.

TITRE XVIII.

Du Testament Inofficieux.

§ 579. On a observé qu'autrefois les parents pouvaient à leur gré déshériter leurs enfants (§ 520). Mais comme souvent ils le faisaient injustement, peu à peu on commença à attaquer ces testaments par la *plainte d'inofficiosité*; et cette plainte n'a été introduite ni par les constitutions des princes, ni par l'édit du préteur, ni par la loi Glicia, mais par l'usage et par l'interprétation des Prudents, comme nous l'avons démontré (1).

§ 580. En effet, comme ceux qui étaient exhérédés injustement n'avaient aucun secours ni de la loi ni du préteur, les jurisconsultes eurent l'adresse de leur conseiller de prendre le prétexte de la folie, comme si le père n'avait pas été sain d'esprit, en prononçant avec tant de rigueur contre son propre sang (1). Cette action, ils la nommaient *plainte*, parce qu'entre parents, on ne disait pas, à proprement parler, accuser, plaider, mais se *plaindre* (2). Ils la nommaient *plainte d'inofficiosité*, parce que, ce qui est un *bienfait* de la part des étrangers, est un *office* de la part de ceux que les liens du sang portent et obligent à rendre service (3).

§ 581. Quemadmodum ergo TESTAMENTUM INOFFICIOSUM est, *quod recte quidem, sed non ex officio pietatis factum* (1); id est, in quo ii, quibus debetur portio hereditatis legitima (*a*), sine justâ caussâ vel exheredes scripti, vel præteriti sunt: ita QUERELA INOFFICIOSI est actio, *quâ ii, quibus debetur portio legitima, injuste exheredati, vel præteriti, agunt contra heredes institutos, ut testamentum, eo colore quod testator non sanæ mentis fuerit, rescindatur.*

(1) *L.* 2 *et* 3, *ff. h. t.*

§ 582. Quum ergo detur injuste exheredatis, vel præteritis (§ 581), sequitur, I. ut eâ opus non sit liberis præteritis, vel exheredatis quidem, sed non nominatim, nec ex justâ caussâ in *Nov.* (1) expressâ, (§ 528, *), quippe qui *querelâ nullitatis* experiri possunt

(1) *Nov.* 115.

(*a*) Olim quidem dabatur omnibus cognatis, immo etiam amicis extraneis, Valer. Max. *lib.* 7, *cap.* 7. Posteaquam autem legitima inventa, id remedium ad eos, quibus illa portio debetur, restrictum est, *L.* 1, *ff. h. t.* Ex quo obiter colligimus, non ejusdem esse originis hanc querelam et portionem legitimam, sed hanc multo recentiorem esse et procul dubio ex legis Falcidiæ demum rationibus inductam. Conf. *Ant. nostr. Rom. h. t.* § 7.

§ 581. Le *testament inofficieux* étant celui qui est *fait régulièrement, à la vérité, mais non suivant les règles du devoir* (1); c'est-à-dire dans lequel ceux à qui est due une portion légitime (*a*), ont eté, sans cause, ou déshérités ou passés sous silence; de même la *plainte d'inofficiosité* est une *action par laquelle ceux à qui est due une portion légitime, ayant été injustement déshérités, ou passés sous silence, agissent contre les héritiers institués, afin que le testament soit rescindé, sous prétexte que le testateur n'était pas sain d'esprit.*

§ 582. Ainsi, comme elle est donnée à ceux qui sont injustement déshérités ou prétérits (§ 581), il suit 1° qu'elle n'est pas nécessaire aux enfants prétérits, ou déshérités, mais sans l'être nommément, ni d'après une juste cause exprimée dans la Novelle (1) (§ 528, *), puis-

(*a*) Autrefois elle était donnée à tous les parents et même aux amis étrangers. Valer. Max. *liv.* 7, *ch.* 7, Mais quand la légitime a été imaginée, cette action a été réservée à ceux-là seulement à qui cette portion était due, *L.* 1, *ff. h. t.* De là nous concluons, en passant, que cette plainte et la légitime n'ont pas la même origine, mais que celle-ci est beaucoup plus récente, et que sans aucun doute elle a été introduite d'après l'esprit de la loi Falcidie. Voy. *Antiq. nostr. Rom. h. t.* § 7.

(§ 569) (1); II. ut nec illi eâ indigeant, qui vel in minimâ parte instituti, quia ipsis competit *condictio ex lege*, ad explendum id quod legitimæ deest, quamque doctores *actionem expletoriam* vocare solent (2); III. ut ea solum locum habeat, I. si ob justam quidem caussam, sed falsam, liberorum exheredatio facta: vel II. si parentes a liberis, liberi nepotesve a matre avove materno, emancipati a patre, vel denique fratres a fratre, turpi personâ prælatâ, præteriti sint, quia in his præteritio pro exheredatione est (3), (§ 526 *et* § 527); III. si caussa exheredationis justa quidem, sed in testamento non expressa (§ 528, V).

(1) *L.* 1, *pr. ff. de injust. rupt. irrit.* — (2) § 3, *Inst. et L* 30, *pr. Cod. h. t.* — (3) § 5, *Inst. de exh. lib.*

§ 583. Quumque detur iis, quibus legitima debetur, consequens est (§ 527), ut eam experiri possint I. liberi sui legitimi (non illegitimi, nisi ratione matris (1) II. emancipati et posthumi injuste exheredati, vel a matre avove materno præteriti; III. parentes

(1) *L.* 29, § 1, *ff. h. t.*

qu'ils peuvent intenter la *plainte de nullité* (§ 569 (1); 2° que ceux-là n'en ont point besoin, qui sont institués même dans la moindre partie de l'hérédité, parce qu'ils ont une action appelée *condiction en vertu de la loi*, pour faire remplir ce qui manque à leur légitime: et que les docteurs nomment *action explétive* (2); 3° que cette plainte d'inofficiosité a seulement lieu, 1° si l'exhérédation des enfants a été faite pour une cause juste, mais fausse; ou 2° si les parents ont été prétérits par leurs enfants; si les enfants, les petits enfants ont été prétérits par leur mère ou leur aïeul maternel; les émancipés, par leur père; ou le frère par son frère, qui aurait préféré une personne infâme, parce qu'à leur égard la prétérition vaut exhérédation (3) (§ 526 *et* § 527), 3° si la cause de l'exhérédation est juste, mais non exprimée dans le testament (§ 528, 5°).

§ 583. Et comme elle est donnée à ceux à qui est due la légitime, il suit (§ 527) qu'elle peut être intentée 1° par les enfants siens légitimes (et non par les illégitimes, si ce n'est à raison de la mère) (1); 2° par les émancipés et les posthumes injustement déshérités ou passés sous silence par la mère ou l'aïeul maternel; 3° par les parents de l'un et l'autre sexe, utriusque sexûs, sive exheredati, sive præteriti (1), IV. fratres et sorores germani et consanguinei (*a*), exheredati, aut præteriti, si ipsis persona infamis, vel levis notæ maculà laborans, prælata sit (2). Proximis non urgentibus, sequentes admittuntur secundum edictum successorium (3).

(1) *L.* 1, *L.* 30, *ff, h. t.* — (2) *L.* 27, *Cod. h. t.* — (3) *L. penult. pr. ff. h. t.*

§ 584. Quum porro agi consueverit eo colore, ac si testator emotæ mentis fuisset (§ 580): haud parum odiosa habebatur hæc querela. Et inde est, I. quod non detur, nisi in subsidium, si aliud remedium desit (1); II. quod non detur exheredati heredibus, nisi præparata (2), præterquam quod filius interea, dum heres scriptus deliberat, mortuus, etiam non præparatam hanc querelam transmittit (3); III. quod non detur elapso quinquennio (4);

(1) § 2, *Inst. h. t.* — (2) *L.* 6, § *ult. ff. L.* 5, *Cod. h. t.* — (3) *L.* 34, *Cod. h. t.* — (4) *L.* 34, *Cod. L.* 8, § *ult. ff. h. t.*

(*a*) Ita Constantinus in *L.* 27, *C. h. t.* Sed posse tamen hodie et uterinos hanc querelam instituere, ducto ex *Nov.* 18, *cap.* 4 argumento, merito existimamus. Id quod et Græci videntur observâsse. *Basil.* 39 *et* 56, *Theophil. ad* § 1, *Inst. h. t.* Harmenop. *Promtuar. V.* 6, 2.

déshérités ou prétérits (1); 4° par les frères et sœurs germains et consanguins (a), déshérités ou prétérits, si on leur a préféré une personne infâme, ou de peu de considération (2). Si les premiers n'intentent pas cette action, les suivants sont admis selon l'ordre de succession établi par l'édit (3).

§ 584. Et comme cette action s'intentait ordinairement sous le prétexte que le testateur ne jouissait pas de toute sa raison (§ 580), cette plainte paraissait toujours odieuse; c'est ce qui fait 1° qu'on ne la donne que subsidiairement à défaut de tout autre remède (1); 2° qu'elle n'est point donnée aux héritiers de l'exhérédé, à moins qu'elle n'ait été préparée (2); cependant le fils qui meurt pendant que l'héritier institué délibère, transmet cette plainte même non préparée (3); 3° qu'elle n'est pas donnée après le laps de cinq ans (4); 4° ni lorsque l'exhérédation a été faite avec bonne

---

(a) Ainsi l'avait voulu Constantin, *L.* 27, *C. h. t.*; mais on peut dire qu'aujourd'hui les utérins ont le même privilége, d'après la *Nov.* 18, *ch.* 4: ce que les Grecs paraissent avoir observé, *Basil.* 39 *et* 56, *Theophil. ad* § 1, *Inst. h. t.* Harmenop. *Promtuar.* *V.* 6, 2.

IV. nec si exheredatio bonâ mente facta (1); V. nec si voluntas testatoris ab exheredato præteritove vel expresse, vel tacite, agnita fuerit (2); VI. quod, qui in hâc querelâ succumbit, legata relicta amittat (3); VII. quod heredis quidem institutio rescindatur, sed legata aliaque capita salva sint jure novo (4).

(1) *L.* 18, *ff. de lib. et posth.* — (2) *L.* 17, *pr. L.* 10, *ff. h. t.* — (3) *L.* 8, § 14, *ff. h. t.* — (4) *Novel.* 115, *cap.* 3, § *ult. cap.* 4, § *ult.*

TITULUS XIX.

De Heredum qualitate et differentiâ.

§ 585. QUIA testamenta ex principiis Romanorum sunt veluti leges (§ 493, *), leges autem non nisi subditos tenent: sequitur, ut huic ultimæ voluntati simpliciter teneantur parere, qui sunt in testatoris potestate: extranei non, nisi si suâ sponte se illi submittant.

§ 586. Potestati testatoris dominicæ subsunt SERVI; patriæ LIBERI; reliqui omnes EXTRANEI sunt. *Servos* ergo jura nostra vocant HEREDES NECESSARIOS, *liberos* in potestate consintention (1); 5° ni lorsque la volonté du testateur a été approuvée, soit expressément, soit tacitement par le déshérité ou le prétérit (2); 6° que celui qui succombe dans cette plainte, perd les legs qui lui avaient été faits (3); 7° que l'institution de l'héritier est rescindée; mais que cependant les legs et les autres chefs du testament subsistent d'après le droit nouveau (4).

TITRE XIX.

De la qualité et de la différence des Héritiers.

§ 585. Puisque, suivant les principes des Romains, les testaments sont une espèce de loi (§ 493, *), et que les lois n'obligent que ceux qui sont soumis à celui qui les dicte, il suit que cette dernière volonté n'oblige absolument que ceux qui sont sous la puissance du testateur, et non pas les étrangers, à moins qu'ils ne s'y soumettent d'eux-mêmes.

§ 586. Le testateur a sous la puissance dominicale ses *esclaves;* sous la puissance paternelle, ses *enfants;* tous les autres sont *étrangers*. Ainsi, par notre droit, les *esclaves* sont nommés héritiers *nécessaires;*

titutos SUOS et NECESSARIOS; *extraneos* VOLUNTARIOS (1).

(1) *Pr. Inst. h. t. L.* 15, *L.* 16, *ff. de acq. vel omitt. hered.*

§ 587. NECESSARII heredes sunt *servi proprii, sive cum libertate, sive sine eâ* (§ 536) *instituti : qui, sive velint, sive nolint, a morte testatoris et liberi sunt, et ipso jure heredes* (1). Rationem hujus juris jam reddidimus supra (§ 119).

(1) § 1, *Inst. h. t. L.* 57, § 2, *ff. de acq. vel omitt. hered.*

§ 588. SUI et NECESSARII *sunt liberi in potestate testatoris, tempore mortis, ita constituti, ut postea in alterius potestatem recasuri non sint* (*a*) (1). SUI ergo dicuntur partim, quia in potestate ac dominio parentis sunt (§ 136) partim, quod vivo patre quodammodo domini habentur (*b*), et hinc

(1) § 2, *Inst. h. t. L.* 33, § 1, *ff. de milit. test.*

(*a*) Si enim recidunt in potestatem patris, adeunt hereditatem jussu patris : adeoque non sunt ipso jure heredes.

(*b*) Hinc et *heri minores* dicuntur. Eleganter apud Plautum, *Trinum. act.* 2, *scen.* 2, *v.* 48, Lysiteles patri, quærenti, an de suo benefacturus les *enfants* en notre pouvoir, héritiers *siens et nécessaires*; les *étrangers* héritiers *volontaires* (1).

§ 587. Les héritiers *nécessaires* sont nos *esclaves propres, institués avec ou sans la liberté* (§ 536), *et qui, dès la mort du testateur, sont libres et héritiers de plein droit* (1). Nous avons rendu plus haut, raison de cette disposition (§ 119).

§ 588. Les *héritiers siens et nécessaires*, sont les *enfants au pouvoir du testateur, mais qui à sa mort ne retomberont au pouvoir d'aucun autre* (*a*) (1). On les appelle *siens*, non-seulement parce qu'ils sont au pouvoir et dans le domaine de leur père (§ 136), mais aussi parce que, même du vivant du testateur, ils sont en quelque sorte propriétaires (*b*), et censés se succéder à eux-mêmes,

---

(*a*) En effet, s'ils retombent au pouvoir de leur père, ils acceptent la succession par son ordre, et ainsi ne sont pas héritiers de plein droit.

(*b*) De là on les appelle *seconds maîtres*. Dans Plaute, *Trinum. act. 2, sc. 2, v.* 48, Lysiteles, lorsque son père lui demande s'il gratifierait Lessibi ipsis veluti succedere et αὐτοκληρόνομοι esse censentur (1). NECESSARII autem, quia et ipsi jure civili, sive velint, sive nolint, heredes parentûm ex testamento et ab intestato fiunt (2).

(1) § 2, *Inst. h. t.* — (2) § 2, *Inst. h. t.*

§ 589. Quia tamen heres succedit in jura omnia defuncti testatoris (§ 534), adeoque filius omne æs alienum patris dissolvere vel ignominiam illam, ut bona hereditaria suo nomine a creditoribus possideantur, subire tenetur (§ 119, *) : prætor et *suis* dedit BENEFICIUM ABSTINENDI, impuberibus, etiamsi se immiscuerint, puberibus, si se non immiscuerint, nec per eos factum fuerit, quo quid ex eâ hereditate amoveretur (1). Inde ergo fluit axioma : *Heredes sui hereditatem ipso jure adquirunt* (2).

(1) § 2, *Inst. h. t. L.* 57, *pr. L.* 11, *L.* 12, *L.* 71, § 3, *ff. de acq. vel omitt. hered.* — (2) § 3, *Inst. de hered. quæ ab intest. defer.*

§ 590. Ex quo consequitur, I. ut non adeant hereditatem, sed statim a morte testatoris in ejus jus succedant (1); II. ut non

(1) *D.* § 3, *Inst. de hered. quæ ab intest. defer.*

---

sit Lesbonico? respondet : *De* MEO, *nam quod tuum est, meum est, omne meum autem tuum.*

et être leurs propres héritiers (1). On les appelle *nécessaires*, parce que, bon gré, malgré, par l'effet du droit civil, ils sont héritiers de leur père, soit après un testament, soit *ab intestat* (2).

§ 589. Cependant comme l'héritier succède à tous les droits du testateur défunt (§ 534), et qu'ainsi le fils doit payer toutes les dettes de son père, ou s'exposer à la honte de voir vendre sous son nom les biens de la succession (§ 119, *); le préteur a donné aux héritiers *siens* le *bénéfice d'abstention*, aux impubères, quand même ils se seraient immiscés, et aux pubères s'ils ne se sont pas immiscés, et ne se sont prêtés en aucune manière à détourner quelque chose de l'hérédité (1). De là dérive cet axiôme : *Les héritiers siens acquièrent l'hérédité de plein droit* (2).

§ 590. D'où il suit, 1° qu'ils ne font pas *adition d'hérédité*, mais qu'aussitôt la mort du testateur ils succèdent à tous ses droits (1);

---

bonicus de son propre bien, répond : *Du mien; car ce qui est à vous est à moi, et tout ce qui est à moi est à vous.*

dicantur PRO HEREDE GERERE, sed SE IMMISCERE; III. ut hereditatem non REPUDIASSE dicantur, sed ab eâdem ABSTINUISSE; IV. ut hereditatem etiam non aditam ad heredes transmittant (1).

(1) *L.* 3, *Cod. de jur. delib.*

§ 591. VOLUNTARII sunt *quivis extranei.* Qui quum voluntati ultimæ testatoris parere non teneantur, nisi se illi suâ sponte submittant (§ 585): hereditatem testamento sibi delatam suo arbitrio et *adquirere*, et *omittere* possunt.

§ 592. ADQUIRUNT ergo hereditatem, *vel expresse* hanc voluntatem suam declarando: *vel* eamdem *tacite* factis et re ipsâ significando. Prior modus stricte ADITIO; posterior PRO HEREDE GESTIO vocatur (1). Prior est actus legitimus (§ 70) (2), posterior nullam solemnitatem exigit. PRO HEREDE *enim* GERERE dicitur, *qui aliquid quasi heres et animo heredis facit*, verb. grat. agros colens, pecuniam fœnori locans, credita exigens (3): nisi vel ex testatione, vel aliis argumentis, adpareat eum id non animo heredis, sed pietatis et custodiæ caussâ, fecisse (4).

(1) § 5, *Inst. h. t.*—(2) *L.* 77, *ff. de reg. jur.* — (3) § *ult. Inst. h. t.*—(4) *L.* 20, *pr.* § 1, *ff. de acq. vel omitt. hered.*

2° qu'on ne peut pas dire à leur égard qu'ils *font acte d'héritier*, mais qu'ils *s'immiscent*; ni 3° qu'ils *répudient* l'hérédité, mais qu'ils *s'en abstiennent*; 4° qu'ils transmettent à leurs héritiers l'hérédité même non acceptée (2).

§ 591. Les héritiers *volontaires* sont tous les étrangers. Comme ils ne sont pas tenus d'obéir à la dernière volonté du testateur, à moins qu'ils ne veuillent s'y soumettre (§ 585), ils peuvent, lorsqu'une hérédité leur est déférée, ou l'*acquérir*, ou la *laisser*.

§ 592. Ainsi ils *acquièrent* l'hérédité, ou *expressément* en déclarant que c'est leur volonté; ou *tacitement* en manifestant la même volonté par les faits et la chose même. La première manière s'appelle, à proprement parler, *adition*; la dernière, *acte d'héritier* (1). La première est un acte légitime (§ 70) (2); la dernière ne requiert aucune solennité; car *faire acte d'héritier*, c'est faire quelque chose comme héritier et dans les dispositions d'un héritier; par exemple en cultivant les terres, en plaçant l'argent de l'hérédité à intérêt, en exigeant les créances (3), à moins que par protestations ou autres preuves, il ne paraisse que l'on n'a point agi comme héritier, mais par attachement et pour la conservation de la chose (4).

§ 593. Quum ergo uterque modus sit voluntatis significatio (§ 592): sequitur, I. ut adire hereditatem non possint furiosi, mente capti, infantes (1), pro quibus parentes, vel tutores, curatoresve, adeunt (2); II. ut pupilli infantiæ pubertative proximi et minores, non nisi auctore tutore, vel consentiente curatore adeant (§ 253) (3); *III.* ut filiifamilias hereditatem adeant jussu patris, quamvis jure novo filius justæ ætatis et invito patre hereditatem adire possit, et eo casu plenam hujus peculii adventitii proprietatem sibi adquirat (§ 481, I.) (4).

(1) *L.* 93, *ff. eod. L.* 40, *ff. de reg. jur.* § 9, *Inst. de inut. stipul.*—(2) *L.* 18, *pr.* § 1, 2, *Cod. de jur. delib. L. ult.* § 3, *Cod. de curat. furios.* —(3) *L.* 18, § *ult. Cod. de jur. delib.* —(4) *L. ult. pr.* § 1, 2. *Cod. de bon. quæ lib.*

§ 594. Ex eodem sequitur, IV. ut aditio ultro fieri, adeoque vis et coactio abesse debeat (1); V. ut adiri debeat hereditas tota, non pars (§ 491, III.) (2); VI. ut quidem eâ declaratione institutus fiat heres, sed possessionem non adquirat, nisi naturaliter adprehensam (3).

(1) *L.* 6, § *ult. ff. de acq. vel omitt. hered. L.* 16, *Cod. de jur. delib.*—(2) *L.* 1, *L.* 2, *L.* 55, *ff eod.* —(3) *L.* 23, *pr. ff. de acq. vel omitt. hered.*

§ 595. Quumque aditio sit actus legitimus (§ 592), porro inferendum, VII. heredita-

§ 593. Ainsi, comme l'une et l'autre manière est une déclaration de la volonté (§ 592), il suit 1° que l'hérédité ne peut être acceptée par les furieux, les insensés, les enfants (1), mais par leurs pères, tuteurs et curateurs en leur place (2); 2° que les pupilles proches de l'enfance ou de la puberté et les mineurs ne peuvent accepter qu'avec l'autorisation du tuteur, ou le consentement du curateur (§ 253) (3); 3° que les fils de famille acceptent une hérédité par ordre de leur père, quoique, par le droit nouveau, un fils à l'âge requis, puisse, même malgré son père, accepter une hérédité, et, dans ce cas, acquérir pour lui-même la pleine propriété de ce pécule adventif (§ 481, 1°) (4).

§ 594. De là il suit 4° que l'adition doit se faire de bon gré, et qu'ainsi il ne doit y avoir ni violence, ni contrainte (1); 5° que l'hérédité doit être acceptée toute entière, non en partie (§ 491, 3°) (2); 6° que par cette déclaration l'institué devient héritier, mais n'acquiert la possession que lorsqu'il est réellement saisi (3).

§ 595. Et comme l'adition est un acte légitime (§ 592), il faut en inférer 7° que l'hétem adiri non posse per procuratorem (1); 8° nec sub conditione (2).

(1) *L.* 90, *pr. ff. h. t. L.* 123, *ff. de reg. jur.*—(2) *L.* 51, § *ult. ff. de adq. vel. omitt. hered. L.* 77, *ff. de reg. jur.*

§ 596. Postremo quum utroque modo hereditas adquiratur (§ 592): consequens est, IX. ut hereditas non adita non transmittatur (1), nisi a liberis sui juris, qui ad descendentes tantum eam transmittunt (2); X. ut heres post aditam hereditatem in universum jus defuncti succedat, adeoque et jure accrescendi gaudeat (§ 491, III.) (3), et æs alienum quantumcunque solvere teneatur pro portione hereditariâ, licet hereditas solvendo non sit (4); XI. ut is, qui hereditatem adiit cum legatariis et fideicommissariis quasi contraxisse censeatur, atque inde hi legata et fideicommissa actione personali ex testamento ab eo petere possint (5).

(1) *L. unic.* § 5, *Cod. de cad. toll.* — (2) *L. unic. Cod. qui ante apert. tab. hered.*—(3) *L.* 33, *L.* 53, § 1, *L.* 80, *ff. de acq. vel omitt. here* .—(4) *L.* 10, *Cod. de jur. delib.* — (5) § 5, *Inst. de oblig. quæ quasi ex contr.*

§ 597. Quia vero paullo durior hæc est heredis conditio, hinc duplex proditum est beneficium, alterum a prætore quod JUS DELIBERANDI, alterum a Justiniano, quod BENEFICIUM INVENTARII dicitur.

§ 598. JUS DELIBERANDI est *spatium heredi instituto concessum ad deliberandum, utrum* rédité ne peut être acquise par procureur (1); ni 8° sous condition (2).

§ 596. Enfin, comme l'hérédité s'acquiert de l'une et l'autre manière (§ 592), il suit 9° que l'hérédité non acceptée ne se transmet pas (1), si ce n'est par les enfants qui sont leurs maîtres, lesquels la transmettent à leurs descendants seulement (2); 10° que l'héritier, une fois l'hérédité acquise, succède à tous les droits du défunt, et par conséquent jouit du droit d'accroissement (491, 3°) (3), et est tenu de payer les dettes au prorata de sa portion héréditaire, quand même l'hérédité serait insuffisante (4); 11° que celui qui a accepté l'hérédité est censé avoir fait un *quasi-contrat* avec les légataires et les fidéi-commissaires; et qu'en conséquence ceux-ci peuvent lui demander leurs legs et fidéi-commis, par action personnelle en vertu du testament (5).

§ 597. Mais comme cette condition d'héritier était un peu trop dure, deux bénéfices ont été introduits, l'un appelé *droit de délibérer*, par le préteur; l'autre nommé *bénéfice d'inventaire*, par Justinien.

§ 598. Le droit de délibérer est *un espace de temps accordé à l'héritier, pour délibérer adire hereditatem, an eamdem repudiare consultius sit* (1). Idque spatium olim, instantibus creditoribus, erat arbitrarium: jure novo a principe annus, a judice novem menses conceduntur, modo illud spatium intra annum a die scientiæ petatur (2). Si nemo urget, heres etiam intra triginta annos adire potest (3).

(1) § 5, *Inst. h. t. L.* 9, *Cod. de jur. delib.* — (2) *L. ult.* § 13, *Cod. eod.*—(3) *L.* 8, *Cod. eod. L.* 7, *Cod. de petit. hered.*

§ 599. BENEFICIUM INVENTARII est *jus, quo heres, rite confecto inventario, post aditam hereditatem ultra vires hereditatis non tenetur* (1). Rite autem fit inventarium, I. si intra riginta dies a momento notitiæ inchoetur; II. si intra alios sexaginta dies, vel in locis dissitis, vel absentibus heredibus intra annum perficiatur, III. adhibitis tabellionibus, IV. citatis iis, quorum interest, veluti legatariis et creditoribus, V. aut illis absentibus, convocatis tribus testibus; VI. si repertorio perfecto, heres vel ipse subscribat, et rerum summam exprimat, vel scribendi imperitus tabellionem subscribere jubeat (2).

(1) § 6, *Inst. h. t. L. ult.* § 2, 3, 4, *Cod. de jur. delib.* (2) *L. ult.* § 2, 3, *Cod. eod. Novel.* 1, *cap.* 2, § 1.

§ 600. Hæc de adquirendâ hereditate. Eamdem extraneus suo arbitrio potest REPUDIARE *quel est le plus avantageux d'accepter l'hérédité ou de la répudier* (1). Autrefois ce délai, en cas de poursuites par les créanciers, était arbitraire : par le droit nouveau, le prince accorde un an, le juge neuf mois, pourvu que ce délai soit demandé dans l'année du jour où l'on aura su la succession ouverte (2). Si personne ne poursuit, l'héritier peut accepter pendant l'espace de trente ans (3).

§ 599. Le *bénéfice d'inventaire* est *un droit par lequel un héritier qui a fait un inventaire en règle, et ensuite accepté l'hérédité, n'est pas tenu au-delà des forces de l'hérédité* (1). L'inventaire est en règle, 1° s'il est commencé dans les trente jours du moment où l'on a connaissance de la succession ; 2° s'il est achevé dans soixante autres jours, ou bien dans l'année, quand les héritiers sont éloignés ou absents ; 3° si l'on a employé des notaires ; et 4° appelé les parties intéressées, comme les légataires et créanciers, ou 5° en leur absence, convoqué trois témoins ; 6° si, l'inventaire fini, l'héritier le signe et exprime le total, ou si, ne sachant pas écrire, il fait signer pour lui le notaire (2).

§ 600. Voilà pour l'acquisition de l'hérédité. L'étranger institué peut *répudier* l'héré-

(§ 591), eamque in rem denuo vel expressis verbis significat voluntatem, vel tacite re ipsâ et factis (1). Unde eadem hic observanda, quæ observavimus § 593 seq.

(3) *L. 95, L. 77, in fin. de adq. vel omitt. hered.*

TOMI SECUNDI FINIS.

dité à son gré (§ 591) et il manifeste, à cet égard, sa volonté ou en termes exprès, ou tacitement, par le fait et la chose même (1); et il faut faire ici les mêmes observations que sur les § 593 et suivants.

FIN DU TOME SECOND.

TABLE DES MATIÈRES

DU TOME SECOND.

LIVRE SECOND.

TITRE I.

De la division des choses et des manières d'en acquérir la propriété. Page 5, § 310.

TITRE IX.

TITRE X.

TITRE XI.

Du Testament militaire. P. 191, § 501.

TITRE XII.

A qui il n'est pas permis de faire un testament. P. 203, § 513.

TITRE XIII.

De l'exhérédation des enfants. P. 209, § 520.

TITRE XIV.

TITRE XV.

TITRE XVI.

FIN DE LA TABLE.

Printed in Dunstable, United Kingdom

91220031R00178